Lebendige Seen

Living Lakes

Lagos vivos

Gerhard Thielcke [signature]

Für Hannah
 und Jonas

*To Hannah
 and Jonas*

Por Hannah
 y Jonas

Der See atmete in großen Zügen flach und tief. Doch der Zukunft bleiben wohl nur noch kleine, dunkle Wasserlöcher, gleich Gottestränen, geweint um eine in Alltäglichkeit verwandelte Urschönheit. Das Gespenst der Verwertung geht umher. Es ist nur selten, dass einem Stück Land das Glück des Naturschutzes gegeben wird.

Die Menschen denken, hören, reden, rauchen, trinken, aber sehen nichts, dieser Sinn ist vernachlässigt; es ist als ob er neugeboren werden müsse.

Emil Nolde 1909

Weltpartner und Förderer

von *Living Lakes:*

2/3

Das Pantanal in Südamerika – größtes Feuchtgebiet der Welt.

Pantanal in South America – world's largest wetland.

El Pantanal en Sudamérica – el humedal más grande del mundo.

4/5

Der Mono-See in Kalifornien, Drehscheibe für ziehende Vögel.

Mono Lake in California – stopover of migratory birds.

El Lago Mono en California – Area de paso e invernada para las aves migradoras.

6/7

Sumpf im St. Lucia-See – Paradies für Wasservögel.

Swamps at Lake St Lucia – a paradise for waterfowl.

Un pantano en el área del Lago St. Lucia – paraíso para las aves acuáticas.

8/9

Natürliches Ufer am Bodensee, Kinderstube für Fische.

Natural shoreland at Lake Constance – fish "nursery".

Orilla natural del Lago de Constanza – "Jardín de Infancia" para los peces.

Gerhard Thielcke   Jürgen Resch

Lebendige Seen

Living Lakes

Lagos vivos

Streifzüge durch die
Lebendigen Seen der Erde

*A survey of the
Living Lakes of the world*

Conocer los
lagos vivos de la tierra

Stadler Verlagsgesellschaft mbH Konstanz

Lebendige Seen der Welt   *Living Lakes of the world*   Lagos vivos del mundo

1	Bodensee – *Lake Constance* – Lago Constanza
2	Mono-See – *Mono Lake* – Lago Mono
3	St. Lucia-See – *Lake St. Lucia* – Lago Sta. Lucia
4	Biwa-See – *Lake Biwa* – Lago Biwa
5	Baikalsee – *Lake Baikal* – Lago Baikal
6	Nestos-Seen – *Nestos Lakes* – Lago Nestos
7	Norfolk Broads – *Norfolk Broads* – Norfolk Broads
8	Steppensee La Nava – *La Nava* – Laguna La Nava
9	Tengis-See – *Lake Tengiz* – Lago Tengis
10	Pantanal – *Pantanal* – Pantanal
11	Mar Chiquita – *Mar Chiquita* – Mar Chiquita
12	Totes Meer – *Dead Sea* – Mar Muerto
13	Militscher Teiche – *Milicz Ponds* – Estanques Milicz

Inhalt — Contents — Contenido

Vorwort – *Preface* – Prefacio ... 15

Lebensspender Wasser – *Life-giving water* – El agua, fuente de vida ... 16
- Globale Wasservorräte – *Global Water reserves* – Reservas de agua
- Grenzen des Wachstums überschritten – *Permissible growth exceeded* – Sobrepasados los límites de crecimiento
- Wasser lebt – *Water lives* – El agua vive

Menschen und Seen – *Man and lakes* – Hombres y lagos ... 26
- Seen ziehen Menschen an – *Lakes attract people* – Los lagos atraen al hombre
- Menschen schaffen Seen – *Man-made lakes* – Los hombres crean lagos
- Menschengemachte Probleme – *Man-made problems* – Problemas causados por el hombre

Naturgewalten schaffen Seen – *Natural phenomena create lakes* – Los fenómenos naturales forman lagos ... 38
- Vielfalt der natürlichen Entstehung – *Diversity of natural formation* – Origen natural diverso
- Probleme wandernder Wasservögel – *Problems of migratory waterfowl* – Problemas de las aves acuáticas migratorias
- Weltweites Netzwerk – *Global network* – Red mundial

Das Seennetzwerk „Living Lakes" – *Living Lakes Network* – Red "Lagos Vivos" ... 50
- Vom Ursprung des Global Nature Fund – *How the Global Nature Fund originated* – Sobre el origen del Global Nature Fund (Fondo Global para la Naturaleza)
- Vorbild Bodensee – *Lake Constance as role model* – El lago Constanza como modelo
- Zur Entstehung von „Living Lakes" – *How "Living lakes" originated* – Sobre la creación de "Lagos Vivos"
- Die Ziele des weltweiten Seennetzwerkes – *Goals of the global lake network* – Los objetivos de la red internacional Lagos Vivos

Lebendige Seen der Welt – *Living Lakes of the world* – Lagos vivos mundiales
- Bodensee – *Lake Constance* – Lago Constanza ... 64
- Mono-See – *Mono Lake* – Lago Mono ... 74
- Biwa-See – *Lake Biwa* – Lago Biwa ... 84
- St. Lucia-See – *Lake St. Lucia* – Lago Sta. Lucia ... 94
- Baikalsee – *Lake Baikal* – Lago Baikal ... 104
- Nestos-Seen – *Nestos Lakes* – Lago Nestos ... 114
- Norfolk Broads – *Norfolk Broads* – Norfolk Broads ... 122
- Steppensee La Nava – *La Nava* – Laguna La Nava ... 132
- Tengis-See – *Lake Tengiz* – Lago Tengiz ... 140
- Pantanal – *Pantanal* – Pantanal ... 148
- Mar Chiquita – *Mar Chiquita* – Mar Chiquita ... 160
- Totes Meer – *Dead Sea* – Mar Muerto ... 168
- Militscher Teiche – *Milicz ponds* – Estanques Milicz ... 178

Strategien zur Erhaltung von Seen – *Strategies for conserving lakes* – Estrategias para la conservación de los lagos ... 188

Der Stelzenläufer ist für flache Seen weltweit eine Signalart.

Black-winged stilt: a bird that frequents shallow lakes.

La cigüeñuela es una de las especies simbólicas de los lagos someros.

Vorwort   *Preface*   Prefacio

Das internationale Netzwerk „Living Lakes" verkörpert in herausragender Weise das Leitmotiv „Mensch - Natur - Technik" der EXPO 2000 in Hannover. Im Netzwerk Living Lakes engagieren sich Menschen mit Know-How, Ausdauer und Idealismus für den dauerhaften Schutz von faszinierenden Seenregionen. Es geht dabei um die unterschiedlichsten Seen, vom riesigen Baikalsee über den Bodensee im Herzen Europas bis zum kleinen Steppensee La Nava in Spanien.

Doch es gibt eine Reihe von Gemeinsamkeiten, die zum gemeinsamen Handeln motivieren. Alle Seen sind bedeutende Lebensräume für Pflanzen und Tiere, jeder See ein einzigartiges Beispiel für die Vielfalt der Natur auf unserem Planeten. Alle Seen sind die wichtigste Lebensgrundlage für die Menschen, die an ihren Ufern leben. Sie liefern Wasser zur Bewässerung der Felder, Rohstoffe, Nahrungsmittel und Trinkwasser - oft für ein riesiges Einzugsgebiet mit mehreren Millionen Menschen.

Das „Ultra Flow Flush Toiletten-Austauschprogramm" in Los Angeles oder die Solarfähre am Bodensee sind Beispiele dafür, wie man mit Umwelttechnik einen bedeutenden Schritt weiter kommen kann auf dem Weg zu einer nachhaltigen Entwicklung.

In der Kultur der afrikanischen Zulus gelten See und Wasser als Lebewesen mit Seele und Gedächtnis. Living Lakes trägt dazu bei, dass sich alle Seen im nächsten Jahrhundert nicht nur erinnern können, sondern auch eine Zukunft haben.

Birgit Breuel – Generalkommissarin der EXPO 2000 Hannover GmbH

The South-African Zulus consider water as a living entity with a soul and memory. Living Lakes helps to keep lakes alive that future generations may continue to listen to the beautiful song of nature.

Birgit Breuel – Commissioner General of EXPO 2000

The international network Living Lakes is a prime example of the motto of the World Fair EXPO 2000 in Hanover "Mankind - Nature - Technology". People from all over the world are involved in the conservation of fascinating lake regions contributing with their know-how, perseverance and idealism in the project. Lakes in diverse climatic zones and societies, from the immense Lake Baikal to Lake Constance in the heart of Europe and the small Spanish steppe lake La Nava, take part in the Living Lakes network.

Yet, they have a lot in common with what motivates the people to join forces. All lake regions are rich in plant and wild life, and each lake is a unique example of the rich natural variety of our planet. Lakes are the basis of life for the people living in lake regions. All lakes supply both drinking water, essential for every living being and water for irrigation purposes as a natural resource. Often millions of people depend on lake water.

The Los Angeles "Ultra Flow Flush" toilets exchange programme or the solar ferry at Lake Constance are the best examples of sustainable technology.

La red internacional "Lagos Vivos" demuestra de forma extraordinaria el tema principal de la EXPO 2000 de Hannover "Hombre - Naturaleza - Tecnología". En esta red internacional participan personas con experiencia, persistencia e idealismo para conseguir la protección duradera de lagos fascinantes.

Se trata de lagos muy diferentes: desde el inmenso Lago Baikal o el Lago de Constanza en el corazón de Europa hasta la pequeña Laguna de La Nava en España. Pero existen múltiples aspectos comunes que son un buen motivo para actuar conjuntamente. Todos los lagos son hábitats importantes para la fauna y flora y cada uno es un ejemplo único para la naturaleza tan diversa que alberga nuestro planeta. Todos los lagos son una base importante para la vida de los seres humanos que habitan en sus orillas. Los lagos suministran agua para regar los cultivos, carrizo para la construcción, peces para la alimentación - y agua potable, un recurso muy valioso que sirve a veces para varios millones de personas que viven en el área de influencia de los lagos.

Retretes de bajo consumo "Ultra Flow Flush" en Los Angeles o el ferry solar del Lago de Constanza son ejemplos positivos de cómo lograr un paso más hacia el desarrollo sostenible con la ayuda de la tecnología ambiental.

La cultura africana zulú dice que los lagos y el agua son seres vivos con alma y memoria. Lagos Livos aporta una tarea importante para que todos los Lagos en el próximo siglo no solamente se pueden recordar sino tener también un futuro.

Birgit Breuel – Comisaria General de la Expo 2000

Lebensspender Wasser *Life-*

16

giving water   El agua, fuente de vida

Daten zum Wasser

Kennzeichen:

Erdoberfläche:

Wassermenge
Salzwasser der Ozeane
Süßwasser insgesamt
   als Eis in der Antarktis
   im Boden
   in Seen
   in Flüssen
   für Menschen verfügbar

Zahl der Tierarten, die in Europa nur in dem jeweiligen Lebensraum vorkommen:

Bäche und Flüsse
Seen
Grundwasser und Höhlen
Sümpfe
Ästuare
Moore
Spritzzone

Globale Wasservorräte

Leben hat sich auf der Erde zuerst im Wasser entwickelt. Gleich ob sie heute im Wasser oder auf dem Land leben, bestehen Pflanzen und Tiere zu 60 bis 90 Prozent aus Wasser. Ein Mensch kann mehrere Wochen hungern, aber nur wenige Tage leben, ohne zu trinken.

  71 Prozent der Erde sind vom Wasser der Ozeane bedeckt. Doch das ist salzig und deshalb für Menschen und Haustiere weder als Trinkwasser genießbar noch für die Bewässerung von Äckern und Obstanlagen zu nutzen. Von der gesamten Menge Wasser auf Erden sind zwar nur 2,6 Prozent Süßwasser, aber diese 38 Millionen Kubikkilometer reichten spielend für alle Bedürfnisse der Menschen. Doch von dieser gewaltigen Menge sind 29,4 Millionen Kubikkilometer Eis in der Antarktis, und von den restlichen 8,6 Millionen sind nur 0,016 Millionen für die Menschheit verfügbar, und die sind, wie jeder weiß, nicht gleichmäßig über die Welt verteilt.

Global Water Reserves

On Earth life began in the water. Animals and plants contain 60 to 90 per cent body water, be they land or aquatic dwellers. Human beings can survive without food for many weeks, but without water only for a few days.

  Seventy-one per cent of the Earth's surface are ocean-covered. Water that is salty cannot be drunk by people or by house animals. Moreover, salt water cannot be used to irrigate fields and orchards. Regarding the world's water reserves, only 2.6 per cent are potable, yet these 38 million cubic kilometres of fresh water would readily fill our needs if the ice in the Antarctic did not tie up 29.4 million cubic kilometres

16/17

Seen werden von unzähligen Wassertropfen gespeist.

Lakes are fed by innumerable drops of water.

Un sin fin de gotas de agua llenan el lago.

18

Nur ein Bruchteil des Süßwassers ist für Menschen nutzbar.

Only a small part of world's fresh water reserves is utilisable for man.

El ser humano sólo puede utilizar una mínima parte del aqua dulce en el mundo.

19

Moderne Form der Brunnenvergiftung.

Modern form of contamination of well water.

Una forma moderna de envenenar una fuente.

geschmack-, geruchlos, durchsichtig	
71 % von Wasser bedeckt	
in Mio km³	
1.300	
38	
29,400	
0,165	
0,125	
0,040	
0,016	
3.105	
1.293	
1.013	
288	
224	
206	
187	

thereof. Hence, of the remaining 8.6 million cubic kilometres solely 0.016 million cubic kilometres of drinking water are available. As everyone knows, fresh water is not spread equally throughout the world.

Reservas de agua

La vida sobre la tierra se desarrolló primero en el agua. Independientemente de que vivan hoy en el agua o sobre la tierra, plantas y animales están compuestos en un 60 – 90 por ciento de agua. Una persona puede ayunar durante varias semanas, pero apenas puede vivir unos pocos días sin beber.

El 71 por ciento de la tierra está cubierta por el agua de los océanos. Pero este agua es salada y, por tanto, no es consumible por hombres ni animales domésticos, ni aprovechable para el riego de campos de cultivo o plantaciones de árboles frutales. Del total del agua que hay sobre la tierra, tan sólo un 2,6 por ciento es agua dulce y, sin embargo, estos 38 millones de kilómetros cúbicos cubrirían con creces todas las necesidades de la humanidad. Pero de este inmenso volumen, 29,4 millones de kilómetros cúbicos están convertidos en hielo sobre la Antártida. De los restantes 8,6 millones, tan sólo 0,016 están a disposición de la humanidad y, como es sabido, no se encuentran distribuidos de manera equilibrada.

Grenzen des Wachstums überschritten

Als Dennis Meadows 1972 mit seinem Buch „Die Grenzen des Wachstums" diese aufzeigte, ist er auf Wasser als begrenzte Ressource nicht eingegangen. 28 Jahre nach Meadows Buch ist Wasser bereits für jeden fünften Menschen ein ungelöstes Problem des Überlebens, denn 1,2 Milliarden Menschen haben kein sauberes Wasser zum Trinken. Jedes Jahr sterben 5 Millionen Menschen, weil sie nicht genug oder nur verschmutztes Wasser zum Trinken haben, und die Zahl der dadurch verursachten Erkrankungen wird auf 3,3 Milliarden pro Jahr geschätzt. Jährlich flüchten 21 Millionen Menschen aus ihrer Heimat, da sie nicht genügend Wasser haben. Somit gibt es inzwischen mehr Wasserflüchtlinge als Kriegsflüchtlinge. Nach Schätzungen von Experten wird die Zahl der Wasser-

flüchtlinge in den nächsten 25 Jahren auf 80 Millionen jährlich ansteigen. Das sind jedes Jahr so viele Menschen, wie in ganz Deutschland leben.

Permissible growth exceeded

In "The Limits to Growth" Dennis Meadows discussed "finite quantities", yet failed to mention water shortage. This book appeared in 1972. Now, 28 years later, drinking water has become for every fifth person on this planet a never-ending problem; for 1.2 billion "poor wretches" forgo drinking clean water. Each year, five million persons die because fresh water is not available or because the water that is available is contaminated. Experts say that water-related diseases have risen to 3.3 billion per annum. Year after year, 21 million people flee their homeland in search of water. Actually, there are more "water-refugees" than war-refugees. From informed sources we learn that during the next 25 years the number of water-refugees will rise to 80 million annually. As many people as in the whole of Germany.

Sobrepasados los límites de crecimiento

Cuando en 1972 Dennis Meadows señaló en su libro "Límites de crecimiento" dichas fronteras, no citó el agua entre los recursos limitados. Veintiocho años después de la publicación del libro de Meadows, el agua representa un problema de supervivencia sin resolver para una de cada cinco personas, ya que 1,2 miles de millones de personas no tienen agua limpia para beber. Cada año mueren 5 millones de personas por no tener agua suficiente, o por carecer de agua potable para beber, y la cifra de enfermos por esta causa se calcula en 3,3 miles de millones por año. Casi 21 millones de personas huyen de su patria anualmente porque carecen de agua suficiente. En consecuencia, hoy en día hay más refugiados por causa del agua que refugiados por motivos bélicos. Según las estimaciones de los expertos, la cifra de los refugiados por causa del agua se incrementará en los próximos años hasta llegar a los 80 millones de personas anuales. Esto representa una cifra anual de personas equivalente a toda la población de Alemania.

Water data

Characteristics:

Surface of the Earth:

Quantity of water
Salt water (oceans)
Fresh water (total)
    as ice in the Antarctic
    in the ground
    in lakes
    in rivers
Readily available

Number of species in Europe limited in range to one of the following habitats:

Brooks and rivers
Lakes
Sub-soil water/caves
Marshes
Estuaries
Moors
Splash zones

20

Tiere im Wasser ziehen Kinder magisch an.

Aquatic animals attract children magically.

Existe magia entre los animales acuáticos y los niños.

21

Brütender Haubentaucher mit soeben geschlüpftem Jungen auf dem Rücken.

Great crested grebe hatchling on the back of its parent.

Somormujo criando con uno de sus pollos recién nacido.

tasteless, odourless, clear
some 71 % covered by water

Mil. km³
1,300
38
29.400
0.165
0.125
0.040
0.016

3,105
1,293
1,013
288
224
206
187

Wasser lebt

Im Wasser leben fast überall Bakterien, Pflanzen und Tiere. Selbst im Grundwasser haben Wissenschaftler in Europa über 1.000 Tierarten gefunden, die nur hier vorkommen, in Seen sind es rund 1.300 Arten und in Bächen und Flüssen über 3.100.

Dazu kommen noch einmal über 1.700 Arten, die sowohl in Seen, als auch in oder an einem anderen Lebensraum leben. Zu letzteren gehören der Eisvogel, der an Seen und Fließgewässern brütet, und die Bodensee-Seeforelle, die übers Jahr im Bodensee lebt. Zum Laichen schwimmt sie über Dutzende von Kilometern in die in den See mündenden Flüsse.

Unter den wandernden Tierarten nehmen die Wat- und Wasservögel und manche Greifvögel eine Sonderstellung ein, weil sie teilweise über Kontinente wandern und dabei Seen, Flüsse oder Feuchtgebiete als Trittsteine brauchen. Beispiele dafür sind Fischadler, Schwarzstorch, Odinshühnchen, Wilson-Wassertreter und Schwarzhalstaucher.

Water lives

Water provides a home for bacteria, plants, and animals. Even in sub-soil water, scientists discovered in Europe more than 1,000 microscopically small creatures, known as animalcula, which can only exist here. In lakes there are approximately 1,300 species, and in rivers and brooks more than 3,100.

In addition, at least 1,700 animal, bird, fish or insect species need running water, pond water, other habitats, or a combination thereof. The kingfisher (Alcedo atthis) is one of these, a bird that nests in holes in the banks of rivers or lakes. Trout, another example, leave Lake Constance to spawn, wandering many kilometres up the rivers in order to do so.

Migrants, such as wading and water birds, and some birds of prey, are an exception, as they travel vast distances; many over continents, and rely on lakes, rivers, and wetlands as feeding and resting areas. The osprey (Pandion haliaetus), black stork (Ciconia nigra), red-necked phalarope (P. lobatus), Wil-

Datos sobre el agua

Características:

Superficie terrestre:

Cantidad de agua
Agua salada de los océanes
Agua dulce en total
Agua dulce en forma de hielo
  en la Antártida
  en el suelo
  en los lagos
  en los ríos
  Aprovechable para el hombre

Número de especies animales únicamente en un hábitat
Arroyos y ríos
Lagos
Aguas subterráneas y cuevas
Pantanos
Estuarios
Ciénagas
Lagunas temporales

insípida, inodora, transparente
el 71% son mares

en Millones km^3
1.300
38

29,400
0,165
0,125
0,040
0,016

que aparecen en Europa determinado:
3.105
1.293
1.013
288
224
206
187

22

Wasser lebt: Taumelkäfer.

Water lives: Whirligig beetles.

El agua vive.

23

Die Chara-Algen sind wunderschöne Wasserpflanzen, die in großen Beständen auftreten.

Chara, an aquatic plant.

La Chara, una planta sumergida.

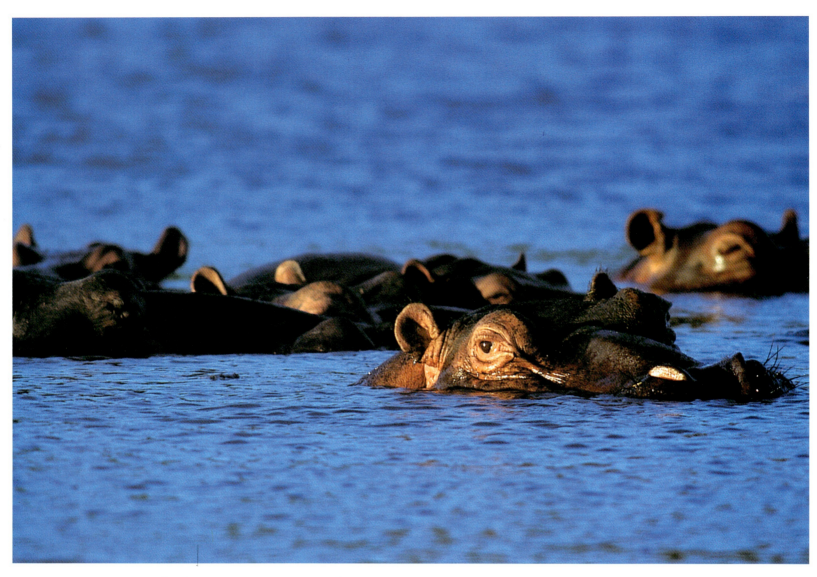

son's phalarope (P. tricolor), and black-necked grebe (Podiceps nigricollis) are migratory birds, to mention just a few.

El agua vive

En el agua viven en casi todas partes bacterias, plantas y animales. Los científicos han encontrado en Europa, incluso en el agua subterránea, más de 1.000 especies animales que se dan únicamente en ese hábitat; en los lagos hay alrededor de 1.300 especies y más de 3.100 habitan en arroyos y ríos.

A esto hay que añadir aún más de 1.700 especies que viven tanto en aguas corrientes como en otros entornos. Entre estas últimas está el martín pescador, que anida cerca de lagos y aguas corrientes; y la trucha del lago Constanza, que durante el año vive en el lago. En temporada de desove recorre docenas de kilómetros en dirección a las desembocaduras de los ríos que vierten sus aguas en el lago.

Dentro de las especies migratorias, las aves zancudas, las acuáticas y algunas aves rapaces ocupan un lugar singular, ya que en sus migraciones sobrevuelan grandes áreas continentales y necesitan por tanto lagos, ríos o zonas húmedas apropiadas como lugares de descanso. Ejemplos de ello son el águila pescadora, la cigüeña negra, el falaropo picofino, el falaropo tricolor y el zampullín cuellinegro.

24

Flusspferde führen ein "Doppelleben": Den Tag verbringen sie im Wasser, nachts weiden sie an Land.

Hippopotami lead a double life – they spend the day in the water, at night they graze ashore.

Los hipopótamos viven una doble vida: pasan el día en el agua y pastan en tierra durante la noche.

25

Ufer von Seen sind besonders reich an Pflanzen und Tieren.

The shores are particularly rich in animal and plant life.

Las orillas de los lagos mantienen una gran diversidad de plantas y animales.

Menschen und Seen *Man*

and lakes   Seres humanos y lagos

Seen ziehen Menschen an

Schon vor 20.000 Jahren, als Menschen noch Jäger und Sammler waren, wirkten Seen magisch anziehend auf sie, weil Seen in vielfältiger Weise Nahrung boten und das Klima ausgeglichener war als in vielen anderen Gebieten. Hinweise auf menschliche Spuren aus so früher Zeit gibt es vom Biwa-See, Bodensee und Mono-See. Erst als die Menschen anfingen, sesshaft zu werden, hinterließen sie mit der Umwandlung von Wald in Weideland und Äcker bleibende Spuren. Aber auf die Lebensgemeinschaften in Seen hatte das keine deren Gefüge ändernde Auswirkungen. Selbst relativ dichte Besiedelung, wie während der Pfahlbau-Zeit am Bodensee, änderte daran nichts. Weder die Entnahme von Fischen noch die Jagd auf Wasservögel oder der ins Wasser geworfene Abfall brachten für die Bestände von Pflanzen und Tieren des Sees spürbare Veränderungen. Der Mensch war damals nur ein Rad im Räderwerk der Natur, das lediglich aufgrund von Naturereignissen wie Hochwasser oder Dürre zeitweise aus dem Takt kam.

Lakes attract people

Even 20,000 years ago, lakes magically appealed to our ancestors – still hunters and gatherers – as watery areas promised food in abundance. To boot, the climate was more equable than elsewhere. Vestiges of these early inhabitants have been found at Lake Biwa, Lake Constance, and Mono Lake. Not until these nomads had settled down permanently could their existence be verified. Woodlands converted by early man into pastures and ploughed fields tell a tale. Naturally, communities around lakes influenced the countryside to a lesser degree. This is true of Lake Constance where pile-dwellings were found. Neither fishing nor the catching of waterfowl, nor the disposal of refuse in the lake, drastically changed flora and fauna. Man was but a small cog in nature's gearbox – a mechanism that occasionally went awry, owing to floods, droughts, or other catastrophes.

26/27

Die Ufer vieler Seen sind dicht besiedelt.

The shores of many lakes are densely populated.

Las orillas de muchos lagos están densamente poblado.

28

Pfahlbauten am Bodensee.

Pile-dwellings at Lake Constance.

Palafitos en el Lago de Constanza.

Los lagos atraen a los seres humanos

Los lagos ejercían una atracción mágica sobre los seres humanos hace ya 20.000 años, cuando los hombres aún eran cazadores y recolectores, porque les ofrecían una gran variedad de alimento y el clima era más estable que en otras regiones. Hay señales de rastros humanos de tan tempranas épocas en el lago Biwa, en el lago Constanza y en el lago Mono. Sólo cuando los seres humanos se volvieron sedentarios comenzaron a dejar huellas permanentes, al convertir el bosque en pastizales y en campos de cultivo. Pero esto no tuvo consecuencias sobre el destino de las comunidades que habitaban los lagos. Incluso una colonización de relativa densidad como la que tuvo lugar durante la época en la que se construyeron los palafitos en el Lago Constanza apenas representó cambio alguno. Ni la extracción de peces ni la caza de aves acuáticas o la basura vertida a las aguas provo- caron cambios notables en las poblaciones de plantas y animales del lago. El ser humano era entonces tan sólo una rueda más en el engranaje de la naturaleza, que únicamente se desajustaba temporalmente a causa de fenómenos naturales como las inundaciones o la sequía.

Seenachtsfest am Biwa-See.

Summer night's party at Lake Biwa.

Fiesta de Media Noche en el Lago Biwa.

Menschen schaffen Seen

Schon im Mittelalter begannen die Menschen, Gewässer selbst anzulegen, indem sie Wasser aus Bächen und Flüssen leiteten und an geeigneten Stellen mit Dämmen aufstauten: In diesen Teichen wurden vor allem Karpfen gezüchtet und herangezogen. Sie dienten in Klöstern als Fastenspeise und als Einnahmequelle, denn mit Fischen ließen sich damals gute Preise erzielen. Eine der größten Anlagen dieser Art sind die rund 100 Militscher Teiche in Polen mit einer Gesamtfläche von 70 Quadratkilometern, die von Mönchen angelegt worden sind. Sie werden heute noch zum Heranziehen von Karpfen genutzt. Viele von ihnen haben Strukturen wie natürliche Gewässer mit einer großen Zahl von Pflanzen und Tieren, die hier leben. Im Gegensatz dazu, sind die Norfolk Broads in Großbritannien unabsichtlich entstanden. Hier lief Wasser benachbarter Flüsse in Gruben, die durch Abbau von Torf entstanden sind.

Gegen Ende des 19. Jahrhunderts begannen Ingenieure, große Staumauern zu errichten, um Bäche, Flüsse oder Seen aufzustauen. Damit wurden verschiedene Ziele verfolgt. Man wollte und will noch heute Wasser zur Verfügung haben, wann immer es gebraucht wird. Das Wasser der Stauseen dient zum Trinken, zur Erzeugung elektrischer Energie, zur Beregnung landwirtschaftlicher Kulturen und zur Dämpfung von Hochwasser. Alleine in den Alpen gibt es über 300 Stauseen. Von ähnlichen Ausmaßen sind weltweit Gruben entstanden, aus denen für Menschen wichtiges Material gewonnen wird, etwa Kies für Beton und Straßen oder Braunkohle zum Verstromen. Alleine in Ostdeutschland sind in ehemaligen Braunkohlegruben 140 Seen mit 240 Quadratkilometer Fläche entstanden oder sind im Entstehen.

Jugendliche bei der Pflege am Steppensee La Nava in Spanien.

Young conservationists at Lake La Nava, Spain.

Jóvenes trabajando en tareas de conservación en la Laguna de La Nava.

Die Militscher Teiche sind beliebter Nahrungsraum des Schwarzstorches.

The Milicz Ponds are a popular and rich source of food for the black stork.

Los Estanques Millitsch: lugar de alimentación preferido por la cigüeña negra.

Man-made lakes

Even during the Middle Ages, men laid on water supplies. They conducted water away from brooks and rivers and built containment dams. Dug-out pits often became carp hatcheries. At monasteries, fish was Lenten fare and a source of good income. The Milicz Ponds in Poland, monk-made, are probably the largest of their kind. They cover 70 square kilometres. Monks still use the lakes for breeding carp.

Many of these dug-outs have since taken on a natural appearance, giving shelter to a myriad of animals and plants. Interestingly, the Norfolk Broads in England evolved the other way round, i.e. unintentionally. There, rivers gushed into "holes" left behind by peat excavators.

In the 19th century, engineers began containing brooks, rivers, and lakes. After all, having fresh water on tap is vitally important. Reservoirs provide drinking water. They are also used for generating electricity, irrigating, and restricting floods. In the Alps alone, there are over 300 reservoirs.

Pits are dug just about everywhere. To, say, excavate gravel for concrete and roads, or to mine brown coal used for generating electricity. Old pits in East Germany have left room for 140 lakes, covering an area of 240 square kilometres. And new lakes are emerging.

Los seres humanos construyen lagos

Ya en la Edad Media, los hombres empezaron a construir estanques por sí mismos, guiando las aguas de arroyos y ríos y embalsándola con diques en zonas apropiadas. En estos estanques se cultivaban y criaban principalmente carpas. Éstas servían como alimento en época de cuaresma

Biber stauen Flüsse mit Dämmen auf.

A beaver dam being constructed across a river.

Los castores son perfectos constructores de presas.

y como fuente de ingresos, ya que en aquella época el pescado podía alcanzar elevados precios. Una de las mayores instalaciones de este estilo son los casi 100 estanques Milicz en Polonia, que cuentan con una extensión total de 70 kilómetros cuadrados y fueron construidos por monjes. Aún hoy en día se usan para la cría de carpas. Muchos de ellos poseen estructuras como las de los estanques naturales, con un gran número de plantas y animales que viven en sus aguas. Por el contrario, los Norfolk Broads de Gran Bretaña han surgido espontáneamente. En este caso, el agua de los ríos vecinos fluía hacía los hoyos formadas por la extracción de turba.

A finales del siglo XIX los ingenieros empezaron a construir grandes muros de contención para embalsar el agua de los arroyos, ríos y lagos. Con ello se perseguían diferentes objetivos. Se pretendía, y aún hoy en día se pretende, acumular grandes cantidades de agua para que estuvieran disponibles siempre que fuera necesario. El agua de los embalses sirve para beber, para la generación de energía eléctrica, para el regadío de los cultivos agrícolas y para prevenir las inundaciones. Solamente en los Alpes hay más de 300 embalses.

En cantidades parecidas han surgido a nivel mundial lagunas de minas de las que se obtienen materiales de gran importancia para el hombre, como la grava para el hormigón y las carreteras o el lignito para la obtención de energía eléctrica. Tan sólo en Alemania oriental se han formado o están en formación 140 lagos sobre el lecho de antiguas minas de lignito, con una extensión total de 240 kilómetros cuadrados.

Biber schaffen Seen

Der Biber ist – neben dem Menschen – das einzige Lebewesen, das Seenlandschaften schafft oder vergrößert und dies mit einer Präzision, die jeden Wasserbauer neidisch werden lassen kann. Mit seinen Aktivitäten schafft der Biber darüber hinaus wiesenartige Lebensräume, auf die andere Tierarten angewiesen sind. Nach rücksichtsloser Ver-

Biber sind perfekte Wasserbauer.

Beaver – amazingly good hydraulic engineers.

El castor: un gran técnico en hidrología.

folgung und Ausrottung in vielen Ländern erobert er zur Zeit große Teile seines früheren Siedlungsgebietes zurück. Damit ist er zu einer Signalart für erfolgreichen Naturschutz geworden. Deshalb stellt die Deutsche Umwelthilfe ihn und seine Lebensräume immer wieder als förderwürdig heraus.

Beaver-created lakes

People aside, beavers are the only creatures that produce or enlarge seascapes – with an accuracy that amazes hydraulic engineers. Beaver-dams are responsible for meadow-like habitats that other plants and animals profit by. Ruthless persecution nearly wiped out the beaver in many countries. Cautiously, these little dam-builders are beginning to return. Who knows, the beaver is perhaps a "bell-ringer" in praise of our wildlife policies. The Deutsche Umwelthilfe e. V. (DUH), Radolfzell, championed beavers' rights from the outset.

Los castores construyen lagos

El castor es, junto con el hombre, el único ser vivo que crea o ensancha paisajes lacustres y lo hace con una precisión capaz de provocar la envidia de cualquier ingeniero de canales, caminos y puertos. Con sus actividades, el castor crea hábitats de pradera, de los que dependen otras especies animales. Tras una despiadada persecución hasta el exterminio en muchos países, en la actualidad está reconquistando grandes extensiones de su antiguo territorio. Con ello se ha convertido en una especie muy significativa para la adecuada conservación de la naturaleza. Por eso la organización Ayuda Ambiental Alemana (Deutsche Umwelthilfe) lo menciona reiteradamente, tanto a él como a su entorno, como especie representativa cuyo crecimiento debe ser fomentado.

Menschengemachte Probleme

Problematisch für die Natur – und früher oder später auch für ihre Urheber – sind Eingriffe von Menschen in Seen und in ihre Einzugsgebiete. Sie gehen auf Entscheidungen von Politikern, Behörden und Unternehmern zurück, die ein lobenswertes Ziel erreichen wollen, jedoch die spektakulären Nebenwirkungen nicht bedenken. So hatten Firmen nur den guten Reinigungswert von Phosphat in Waschmitteln im Auge, ohne die überdüngende Wirkung, zum Beispiel im Bodensee, zu beachten. Verstärkend wirkten dabei die Entscheidungen von Politikern, den Bodensee als Vorfluter für ungeklärte Abwässer der Gemeinden zu benutzen, obwohl 4,5 Millionen Menschen Bodenseewasser trinken. Ganz ähnliche und zusätzliche Probleme entstanden am Biwa-See in Japan, dessen Umgebung noch dichter besiedelt ist.

Einer der größten Eingriffe in Seen ist die Entnahme von zu viel Wasser für die Beregnung von Feldern und für die Versorgung der Menschen mit Trink- und Brauchwasser. Sinkt dann der Seespiegel, versalzen die Seen, bis Lebewesen in ihrem Wasser nicht mehr existieren können, und es entstehen Salzstürme von bis zu 400 Kilometer Länge wie am Aralsee, die Landwirtschaft in den betroffenen Regionen unmöglich machen oder Touristen vertreiben wie am Toten Meer.

Dazu kommt die Übernutzung von Seen, weil besonders attraktive Seen wie der Biwa-See und der Bodensee von vielen Millionen Menschen aufgesucht werden, die hier ihren Urlaub verbringen. Das von ihnen benutzte Heer von Booten macht es Mitbewohnern wie Wasservögeln an vielen Seeteilen unmöglich, zu brüten oder zu rasten.

Auch zerstört intensive Landwirtschaft im Einzugsgebiet von Seen die Lebensräume vieler Pflanzen und Tiere, die damit nicht zurechtkommen. Sie ist der Hauptgrund für das Verschwinden vieler Arten.

Mit dem Pestizid Endrin im Jahre 1982 vergiftete Vögel am Bodensee. Unten: Pestizidspritzung im Obstbau am Bodense.

Birds killed by Endrin poisoning at Lake Constance in 1982.

Aves envenenadas con el pesticida Endrin (Lago Constanza, 1982).

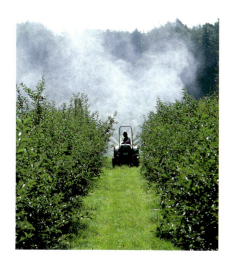

Man-made problems

Lake-area encroachments boomerang sooner than later. Nature suffers, but the initiators pay for their follies, too. Though well meant, decisions made by politicians, authorities, and entrepreneurs are the root cause of the predicament. Chemical firms swear by phosphate-based detergents – but leave out of their calculation sub-soil water poisoning. Lake Constance is a good example. Though its water is fed to the households – and drunk by 4.5 million people – Lake Constance is used to sluice untreated sewage. People residing in the even more densely populated Lake Biwa area, Japan, contend with similar and even worse conditions.

A major issue is the over-application of water for irrigation purposes, household and industrial use. Once the water's level falls too far, salt accumulates – killing off aquatic life. Salt storms arise, causing havoc over distances of up to 400 km, as is often the case over the Aral Sea. Farming comes to a standstill. Tourists shun the area. The Dead Sea shares the same plight.

Attractive areas like Lake Biwa in Japan and Lake Constance in Europe are literally invaded by millions of holidaymakers. Boats and hullabaloo disturb birds resting or nesting, and threaten plant and animal life in general.

Excessive farming around lakes disastrously affects the ecology – for chemicals, etc. are responsible for the loss of many a species.

Problemas creados por el Hombre

Las intervenciones de los seres humanos en los lagos y en sus cuencas son problemáticas para la naturaleza y, tarde o temprano, también para sus autores. Estas intervenciones se basan en decisiones de políticos, autoridades y empresarios que pretenden alcanzar objetivos encomiables, pero cuyas espectaculares consecuencias no son tomadas en consideración. Así, las empresas fabricantes sólo tuvieron en cuenta el buen resultado de limpieza de los fosfatos en los detergentes, sin considerar su excesivo

An vielen Seen sind die Grenzen des Wachstums im Wassersport bereits überschritten.

In many lakes, limits to growth of motor boating/water sport have already been exceeded.

En muchos lagos, los límites de carga en cuanto a deportes náuticos ya se han sobrepasado.

35

efecto de fertilización, por ejemplo, en el lago Constanza. Las decisiones de los políticos de usar el lago Constanza como desagüe para las aguas residuales de las diferentes comunidades sín depurar, a pesar de que 4,5 millones de personas consumen agua del lago, tuvieron una repercusión muy negativa. Problemas muy parecidos y otros adicionales surgieron en el lago Biwa, en Japón, cuyos alrededores se encuentran también densamente poblados.

Una de las mayores intervenciones en los lagos consiste en la excesiva extracción de agua para el riego de campos de cultivo y el abastecimiento humano con fines de consumo y uso general. Al bajar el nivel del agua aumenta la salinidad de los lagos hasta extremos en los que deja de ser posible la supervivencia de seres vivos, y se producen precipitaciones salinas de hasta 400 Km de longitud, como en el lago Aral, que hacen imposible la agricultura en las regiones afectadas o ahuyentan a los turistas, como ocurre en el Mar Muerto.

A esto se suma el uso excesivo de los lagos, ya que algunos particularmente atractivos, como el Biwa o el Constanza, son visitados por varios millones de personas que pasan ahí sus vacaciones. La inmensa cantidad de embarcaciones que surcan sus aguas impide a otros habitantes del lago, como las aves acuáticas, anidar o descansar en muchas partes del mismo.

Además, el cultivo intensivo en la cuenca de los lagos destruye los hábitats de muchas plantas y animales, incapaces de adaptarse a las nuevas circunstancias. Éste es el motivo principal de la desaparición de muchas especies.

Unten: Abpumpen von Faulschlamm an den Broads.

Below: Section dredging in the Broads to remove nutrient-rich mud.

Bombeo de sedimentos descompuestos en los Broads.

Rechts: Familienausflug auf den Norfolk Broads in Großbritannien.

Right: The Broads offer many opportunities for family activities.

Los Norfolk Broads ofrecen una gran variedad de actividades de ocio.

Naturgewalten schaffen Seen *Natural phenomena*

create lakes   Los fenómenos naturales crean lagos

Gletscher

Keine Naturgewalt hat so häufig Seen entstehen lassen wie Gletscher während der Eiszeiten. So entwickelten sich riesige Seenlandschaften im Norden Europas und viele einzelne Seen am Alpenrand. Einer davon ist der Bodensee. Auch der Mono-See und der Biwa-See wurden von Gletschern ausgeschürft.

Glacial formation

Glaciers formed more lakes than any other early activity. Mass lakescapes emerged in Scandinavia, and individual lakes in and around the Alps. Lake Constance is one of these. Mono Lake and Lake Biwa are further examples of ice-age upheavals.

Glaciares

Ningún fenómeno natural ha creado lagos tan a menudo como los glaciares en la época de las glaciaciones. Así se desarrollaron inmensos paisajes lacustres en el norte de Europa y muchos lagos aislados en el límite de los Alpes. Uno de ellos es el Lago Constanza. También el lago Mono y el lago Biwa fueron excavados por glaciares.

Vielfalt der natürlichen Entstehung

Neben Gletschern sind mit Wasser vollgelaufene Grabenbrüche in der Erdkruste häufig die Ursache für die Entstehung von Seen. Von unseren Seenpartnern haben sich der Baikalsee, das Tote Meer, das Mar Chiquita und der Tengis-See auf diese Weise gebildet.

Der St. Lucia-See entwickelte sich in einer Meeresbucht nach dem Absinken des Indischen Ozeans. Der Steppensee La Nava liegt am Ende eines Flusses, in einem Becken auf einer Hochebene. Da es dort wenig regnet, aufgrund des warmen Klimas viel Wasser verdunstet und sein Einzugsgebiet klein ist, hat er ähnlich wie der Mono-See zu wenig Wasser zum Ablaufen. Die Seen am Nestos sind abgeschnittene Fluss-Schleifen und die Nestos-Lagunen verlandende Buchten des Mittelmeers.

Diversity of natural formation

Water-filled rifts often served as beds for lakes. Lake Baikal, the Dead Sea, Mar Chiquita, and Lake Tengiz were formed this way. Lake St. Lucia developed in a bay when the Indian Ocean sank. La Nava, a steppe lake, lies at the river end of a plateau. Here, rain is scarce, the catchment area small, and any water that accumulates evaporates quickly, due to the hot climate. So, normally, as with Mono Lake, the water level is too low for an over-flow. The Nestos lakes, Greece, are a maze of truncated loops. The Nestos lagoons, on the other hand, evolved in silted-up Mediterranean bays.

Origen natural variable

Junto a los glaciares, otro origen frecuente en la formación de los lagos son las fracturas de la corteza terrestre inundadas de agua. Entre nuestros lagos asociados se han formado de esta manera el Lago Baikal, el Mar Muerto, el Mar Chiquita y el Lago Tengis. El Lago Sta. Lucia se formó en una bahía marina, tras la disminución del nivel del océano Índico. El lago de planicie La Nava está situado al final de un río, en una excavación del terreno sobre una meseta. Como ahí llueve poco, se evapora mucha agua a causa del cálido clima y su cuenca es pequeña ya que dispone, al igual que el Lago Mono, de muy poca agua para desaguar. Los lagos del Nestos son meandros cortados y las lagunas del Nestos en el mediterráneo son bahías en retirada hacia el interior.

38/39

Der Baikalsee ist durch einen vollgelaufenen Grabenbruch entstanden.

Water-filled rifts served as bed for Lake Baikal.

Una falla inundada es el origen del Lago Baikal.

41

Das Eis von Gletschern hat viele Seen-Becken ausgehobelt.

Glaciers formedany number of lakes basins.

Muchos lagos fueron excavados por los glaciares.

Probleme wandernder Wasservögel

Weltweit sind alljährlich rund 50 Milliarden Vögel unterwegs, die regelmäßig oder unregelmäßig von einem Ort zum anderen fliegen. Die Gründe dafür sind einfach: Dort, wo sie brüten, gibt es für sie während der übrigen Zeit des Jahres nicht genügend Futter.

Dazu ein Beispiel: Der Fischadler braucht Fische als Nahrung, und die sind für ihn im Winter nicht oder schwer erreichbar. Deshalb zieht er im Spätsommer aus seinen Brutgebieten in Nordamerika nach Mittel- und Südamerika, von Europa nach Afrika und von Nordasien nach Südasien. Bei ihren Wanderungen fliegen viele Vögel über viele Staaten. So kann der in Sibirien brütende Dünnschnabel-Brachvogel in 30 Ländern auftreten. Doch welcher Jäger im Iran, im Jemen, in der Türkei oder Spanien weiß, dass vor seiner Flinte einer der seltensten Vögel der Welt herumläuft, von denen es nur noch 200 bis 300 Individuen gibt?

Andere Vogelarten haben einen noch viel größeren Jahreslebensraum. Das sind nicht nur Brutgebiet und Winterquartier, sondern auch Mauserplätze, wo die Vögel ihr verbrauchtes Gefieder abwerfen, damit neue Federn nachwachsen können und „Trittsteine", die zwischen diesen drei Gebieten liegen. Wie riesig groß solche Regionen sind, zeigt das Beispiel der Spießente, die in Europa, Asien und auf dem nordamerikanischen Kontinent vor allem im Norden weit verbreitet brütet. Ihre Winterbestände werden in Nordwesteuropa auf 60.000 Vögel geschätzt, in Nordosteuropa am Schwarzen Meer, Mittelmeer und Westafrika auf 1.200.000 und in Westsibirien, Südwestasien und Ostafrika auf 700.000. Auf der Karte sieht man, dass sich die Jahreslebensräume der drei Großregionen stark überschneiden.

Spießenten brüten in flach überschwemmtem Marschland, kleinen Seen und an Flüssen mit dichtem Pflanzenwuchs. Sie überwintern in großen Schwärmen im Brackwasser von Küstenlagunen, in Flussmündungen und auf großen Seen im Binnenland.

Wie verletzlich die Bestände der Wasservögel sind, geht aus der geringen Zahl der für den Fortbestand der Art internatio-

Ziehende Dünnschnabel-Brachvögel durchwandern 30 Länder.

Slender-billed curlew can be spotted in 30 different countries.

El zarapito fino se puede observar en treinta países.

Spießenten (oben) haben einen riesigen Jahreslebensraum (links unten). Brutgebiet dunkel, Durchzugs- und Wintergebiet umrandet.

Pintail (above) require a large living space (below). Breeding areas shades; solid and dotted lines indicate migratory range and wintering regions.

El ánade rabudo (arriba) habita en grandes superficies (abajo): área de cría oscuro, área de paso e invernada marcado.

nal bedeutsamen Rast- und Überwinterungsplätze hervor. Noch geringer ist die Zahl der Mauserplätze, wo die Enten ihr Gefieder erneuern. Da sie während dieser Zeit nicht oder nicht voll flugfähig sind, müssen diese Gebiete vor Störungen besonders gut geschützt sein.

Problems of migratory water birds

Every year approximately 50 billion birds are on the wing, migrating regularly or irregularly from one area to another. The explanation is shortage of food and/or climatic changes.

To give an example: The osprey (Pandion haliaetus) lives on fish, which are difficult, or impossible, to catch during the northern winters. So in late summer the osprey returns from its breeding grounds in North America to Central and South America; from Europe to Africa; and from north Asia to south Asia. Bird routes criss-cross many countries. Thus, the slender-billed curlew (Numenius tenuirostris) can be spotted in 30 different lands, though nesting is in Siberia. Of course, a Nimrod looking skywards in Iran, Yemen, Turkey, or Spain cannot realise that one of the world's rarest birds might well be at the receiving end of his shotgun. As far as we know, only 200 to 300 of this species exist.

However, many birds require even larger "living space," i.e. not only a place to breed and to pass the winter, but a refuge for moulting, as well as stopovers for resting and feeding en route. The pintail (Anas acuta), a duck native to Europe, Asia, and America, especially in the far north, illustrates this need for extensive "elbow room." It is assumed that 60,000 pintails spend the winter in north-west Europe, 1,200,000 in the Black Sea, Mediterranean, and west Africa, and 700,000 in west Siberia, south-west Asia, and east Africa. A look at the map shows considerable overlapping of the pintail's three seasonal areas. Pintails nest in flooded marshlands, small lakes, and rivers amidst dense plant coverage. In large flocks, they pass the winter on brackish waters, estuaries and lakes.

Too few are the international stopovers for resting, feeding, and spending the winter, important for the continuity of the spe-

cies. In itself, an indicator of the vulnerability of waterfowl stocks. However, sanctuaries where birds can moult are even scarcer.

Birds are incapable, or partially incapable, of flight during the moulting period, and so require that extra protection.

Problemas de las aves acuáticas migratorias

Anualmente se encuentran en movimiento en todo el mundo cerca de 50 000 millones de aves, que vuelan regular o irregularmente de un sitio a otro. Los motivos son simples: Allí donde crían no hay suficiente alimento para ellos durante el resto del año. Pongamos un ejemplo: el águila pescadora necesita peces como alimento, y éstos le resultan muy difíciles o imposibles de obtener durante el invierno. Por eso al final del verano emigra desde sus territorios de cría en Norteamérica hacia Centroamérica o Sudamérica, desde Europa hasta África y desde el Norte de Asia hacia el Sur de Asia. Muchas aves atraviesan numerosos Estados en el curso de sus migraciones. Así, el zarapito fino, que anida en Siberia, puede ser visto en una treintena de países. Pero, ¿qué cazador en Irán, Yemen, Turquía o España es consciente de que ante su escopeta se pasea una de las aves más raras del mundo, de la cual apenas quedan unos 200 o 300 ejemplares?

Otras especies de aves tienen un territorio anual aún mucho mayor. No se trata sólo de territorios de cría y refugios de invierno, sino también de zonas de cambio de plumaje, donde las aves se desprenden de su plumaje viejo de verano para que pueda crecer uno nuevo; y de lugares de descanso o comederos que se encuentran a medio camino entre estos tres territorios. El inmenso tamaño que tienen éstos territorios lo pone de relieve el ejemplo del ánade rabudo, que anida extensamente en Europa, Asia y, sobre todo, en el norte del continente norteamericano. Se calcula que la población invernal existente en el noroeste de Europa es de 60.000 aves; en el noreste del Mar Negro, mar Mediterráneo y Africa occidental, de 1.200.000 ejemplares; y en Siberia Occidental, el sudoeste asiático y Africa oriental, de 700.000 individuos. En el mapa se observa que los territorios anuales de las tres regiones principales se superponen manifiestamente.

El ánade rabudo anida en zonas pantanosas llanas inundadas, pequeños lagos y en las proximidades de ríos con densa vegetación. Inverna en grandes bandadas en las aguas salobres de las lagunas costeras,

Zwergschwäne sind Weltwanderer.

Bewick's swans cover long distances.

El cisne chico vuela largas distancias.

Rechts: Der Bodensee ist eine Drehscheibe für ziehende Wasservögel.

Right: Lake Constance, a crossroad for migrant birds.

Derecha: El Lago de Constanza es un lugar de descanso importante en la migración de las aves acuáticas.

en las desembocaduras de los ríos y en los grandes lagos del interior.

El grado de fragilidad de las poblaciones de aves acuáticas lo demuestra el escaso número existente de lugares de invernada y descanso de relevancia internacional para la supervivencia de la especie. Más escasa aún es el número de lugares de muda, donde los patos renuevan su plumaje. Estos territorios han de estar muy bien preservados de cualquier perturbación, ya que durante este periodo los patos se encuentran parcial o totalmente incapacitados para volar.

Weltweites Netzwerk

Drehscheiben des Vogelzuges brauchen unsere besondere Hilfe, wie wir im vorangegangenen Kapitel dargelegt haben. Elf von zwölf „unserer" Seen, die im Kapitel „Seenpartner" abgehandelt werden, sind Drehscheiben des Vogelzuges, die in dem Netzwerk von Jahreslebensräumen eine große Rolle spielen. Insgesamt mausern, rasten oder überwintern hier viele Millionen Vögel. Gegenüber den insgesamt wandernden Wat- und Wasservögeln sind unsere zwölf Seen aber nur ein kleiner Teil von Landschaften, die Wat- und Wasservögel außerhalb der Brutzeit brauchen. Deshalb sollen „unsere" Seen auf die Probleme aufmerksam machen, die überall auf der Welt vorhanden sind: an anderen Seen, in Küstengewässern, an Flüssen, in Mooren und in feuchtem Kulturland. Darüber hinaus zeigen wir, wie Probleme gelöst werden können, als Anregung für Politiker, Wirtschaftsunternehmen und Naturschutzverbände.

Unsere Vorstellungen sind in internationale Konventionen eingebettet. Eine davon ist das „Übereinkommen zum Schutz wandernder Tiere". Da es von der deutschen Regierung erarbeitet und in Bonn unterzeichnet wurde, wird dieses Übereinkommen kurz „Bonner Konvention" genannt. Ihr sind seit 1979 57 Staaten beigetreten. Mit diesem Übereinkommen soll der Trend aufgehalten werden, Feuchtgebiete zu zerstören.

Ergänzt wird die „Bonner Konvention" durch das „Übereinkommen über Feuchtgebiete, insbesondere als Lebensraum für Wasser- und Watvögel von internationaler Bedeutung", kurz „Ramsar-Konvention" genannt, weil es in Ramsar im Iran unterzeichnet worden ist.

Eine weitere Konvention, auf der unsere internationale Arbeit fußt, ist das „Übereinkommen zum Schutz des Kultur- und Naturerbes der Welt" von der UNESCO. Das Sekretariat dieser Konvention nimmt u.a. Naturlandschaften und Kulturlandschaften von außergewöhnlichem universellen Wert in die Liste des Welterbes auf, um sie vor weiteren Zerstörungen zu bewahren. Von „unseren" Seen sind der Baikalsee und der St. Lucia-See bereits Weltnaturlandschaften. Für den Tengis-See in Kasachstan und das Tote Meer werden zur Zeit Anträge auf Aufnahme in die Welterbeliste vorbereitet.

Alle Konventionen benötigen für ihre Umsetzung öffentlichen Druck von privaten Organisationen. Die wichtigsten Strategien des „Global Nature Fund" sind hierbei das Herausstellen positiver Entwicklungen, die Bereitstellung von finanziellen Mitteln und die Kooperation mit Behörden und Wirtschaftsunternehmen.

Worldwide network

As explained, migratory "sojourns" must be preserved. Eleven of the twelve lakes dealt with here are "refuelling" stations that play a vitally important role midway between the summer and winter habitats. Millions of birds rest, moult or spend the entire winter at one of these stopovers. Our lakes, though, constitute too small an area to accommodate so many itinerants seeking food and shelter outside the breeding season. Our "partner" lakes can highlight the problems encountered around coasts, rivers, moors, and grasslands, etc. the world over. What is more, we demonstrate how problems are tackled, a stimulus for politicians, industry, and other wildlife societies.

Our "visions" are embedded in international conventions. One of these is the "Agreement To Protect Migratory Animals." As the German government, then in Bonn, co-processed and co-signed this agreement, it is known as the "Bonn Convention." Since 1979, some 57 states have acceded to this document. Our goal, of course, is to stop the tendency to destroy wetlands.

Kraniche, die weite Strecken wandern, sind Beispiele für einen erfolgreichen internationalen Naturschutz.

Cranes, which fly great distances, are examples of a successful international nature protection.

Las grullas, aves migradoras de largas distancias, son un ejemplo de protección de naturaleza internacional acertada.

The "Bonn Convention" has been augmented by the "Wetlands Agreement," also known as the "Ramsar Convention," as it was signed in Ramsar (Iran). A significant leap forward in an effort to rescue waders and waterfowl.

Another GEAA-instigated convention is "The UNESCO Agreement To Preserve The World's Cultural and Natural Heritage Sites". The Secretariat lists, among other things, landscapes and areas of outstanding importance or beauty – that is, cultural "gems" worthy of protection. Of "our" wards, Lake Baikal and Lake St. Lucia have already been selected as conservation areas. Applications for admission into the "Heritage List" are being prepared for Lake Tengiz in Kazakhstan and the Dead Sea.

Conventions can only be enforced via pressure from private organisations. The most effective strategy of the Global Nature Fund for strict implementation is to emphasise the positive aspects. That is, to offer financing, to show one's willingness to co-operate with the authorities and industry.

Red mundial

Como hemos explicado en el capítulo anterior, las plataformas para la migración de las aves precisan de nuestra particular ayuda. Once de los doce lagos "nuestros", que se tratan en el capítulo Lagos asociados, son plataformas de migración para las aves que juegan un papel fundamental dentro de la red de hábitats anuales. En total mudan, descansan o inviernan en ellos muchos millones de aves. En relación con la totalidad de aves zancudas y aves acuáticas migratorias existente, nuestros doce lagos representan tan sólo una pequeña parte de los territorios que estas aves necesitan fuera de la época de cría.

"Nuestros" lagos sirven como indicador de los problemas que surgen en todo el mundo: en otros lagos, en aguas costeras,

Auf dem Mono-See rasten bis zu 140.000 Wilson-Wassertreter. Sie fliegen dann im Nonstopp-Flug bis Südamerika.

About 140,000 Wilsons's phalarope stop over at Mono Lake before migrating in a non-stop flight down to South America.

Hasta 140.000 ejemplares del Falaropo tricolor descansan en el Lago Mono antes de volar sin paradas a Sudáfrica.

en ríos, en pantanos y humedales. Además, y como estímulo destinado a políticos, empresas y asociaciones de defensa de la naturaleza, mostramos como pueden solucionarse estos problemas.

Nuestra concepción está respaldada por convenciones internacionales. Una de ellas es el "Acuerdo para la defensa de los animales migratorios". Puesto que fue elaborado por el gobierno alemán y firmado en Bonn, se le conoce de forma abreviada por "Acuerdo de Bonn". A él se han adherido 57 Estados desde 1979. Con este acuerdo se pretende detener la tendencia a la destrucción de las zonas húmedas.

La Convención de Bonn se complementa con el "Acuerdo sobre zonas húmedas, en particular como hábitat para aves acuáticas y aves zancudas de importancia internacional", denominado Acuerdo de Ramsar porque fue firmado en Ramsar, Irán.

Otro convenio en que se basa nuestro trabajo internacional es el "Acuerdo para la preservación del legado cultural y natural de la humanidad" de la UNESCO. Para proteger el legado cultural de futuras destrucciones, la secretaría de esta convención incluye, entre otros, reservas naturales y espacios culturales de extraordinario valor en la lista del legado de interés mundial. Entre "nuestros" lagos están declarados como Reservas Naturales de la Biosfera el lago Baikal y el lago Sta. Lucia. Actualmente están en preparación las solicitudes relativas al lago Tengis en Kazajstán y al Mar Muerto para su inclusión en la lista de Reservas de la Biosfera.

Para que se hagan realidad, todos los acuerdos requieren la presión pública de las organizaciones privadas. Las estrategias más importantes para la Global Nature Fund son, en consecuencia, la publicación de resultados positivos, la consecución de medios financieros y la cooperación con autoridades y empresas privadas.

Der Wilson-Wassertreter ist bei Vogelbeobachtern besonders beliebt.

Wilson's phalaropes are most attractive for bird watchers.

El Falaropo tricolor es un ave muy atractiva para los ornitólogos.

49

Das Seennetzwerk „Living Lakes" *Living*

50

Lakes Network   Red "Lagos Vivos"

51

Vom Ursprung des Global Nature Fund

„Global denken, lokal handeln" ist seit vielen Jahres das Motto der Umweltschützer. Zugvögel und wandernde Fischarten zeigen deutlich, dass die Natur keine Grenzen kennt. Auch die Verschmutzung von Flüssen und Meeren oder der Luft ist lokal nicht begrenzbar. So entschloss sich die 1975 gegründete Deutsche Umwelthilfe (DUH) im Jahr 1997, den „Global Nature Fund" (GNF) ins Leben zu rufen. Ausgestattet mit einem Stiftungskapital in Höhe von 200.000 DM von sechs Einzelpersonen, hat sich diese neue internationale Umweltstiftung das ehrgeizige Ziel gesetzt, weltweite Umwelt- und Entwicklungsprojekte zu initiieren und regionale Initiativen zu fördern.

How the Global Nature Fund originated

"Think globally, act locally!" has been the environmentalists' motto for many years. Migratory birds and fish show clearly that nature has no borders. Similarly, pollution in rivers and seas or in the air is not limitable. Hence, in 1997 the Deutsche Umwelthilfe, founded in 1975, decided to bring the Global Nature Fund (GNF) into existence. With a starting capital of DM 200,000, endowed by six individuals, our new Environmental Foundation ambitiously strove to launch and promote environmental and developmental projects abroad and at home.

Sobre el origen del Global Nature Fund (Fondo Global para la Naturaleza)

Desde hace muchos años el lema de los ecologistas es "Pensar de manera global, actuar de manera local ". Las aves migratorias y las especies de peces que remontan corrientes muestran claramente que la naturaleza no conoce fronteras. Tampoco se puede restringir de manera local la contaminación de los ríos y mares, ni la del aire. Así, la Ayuda Ambiental Alemana (Deutsche Umwelthilfe – DUH), creada en 1975, decidió fundar en el año 1997 el Fondo Global para la Naturaleza (GLOBAL NATURE FUND). Dotada con un capital de 200.000 marcos alemanes procedentes de seis particulares, esta nueva fundación ecologista internacional se ha propuesto el ambicioso objetivo de emprender proyectos de protección ambiental y de desarrollo a nivel mundial, y de promover al mismo tiempo las iniciativas regionales.

Vorbild Bodensee

Seenregionen sind aufgrund ihrer natürlichen Gegebenheiten ökologisch besonders sensible Gebiete mit einer reichen Naturausstattung. Gleichzeitig sind viele Seen für uns Menschen unverzichtbare Trinkwasserspeicher, Lebens-, Arbeits- und Erholungsraum. Konflikte sind somit vorprogrammiert. Der langsame Wasseraustausch in Seen zwingt uns zu einem verantwortungsbewussten Wirtschaften im Seeeinzugsbereich. Mit der Durchführung des Bodensee-Umweltschutzprojektes durch die Deutsche Umwelthilfe und in der Folge durch die „Bodensee-Stiftung für Natur und Kultur" wurden wertvolle Erfahrungen in der internationalen Zusammenarbeit deutscher, schweizerischer und österreichischer Umweltverbände gesammelt.

In den 90er Jahren entstanden am Bodensee neue, ökologisch ausgerichtete Siedlungen, wurde die Wasseraufbereitung weiter optimiert und zwei private Bahngesellschaften etabliert. Umweltschützer, Gemeinden und Regierungen der Anrainerstaaten nahmen sich auch erfolgreich des ökologischen Landbaus an: Heute ist der Anteil an Biolandwirten besonders hoch. Auf dem See selbst sind solargespeiste Boote und seit dem Frühjahr 2000 die erste solargetriebene Personenfähre neue Publikumsmagneten.

Lake Constance as role model

Ecologically, lake regions are particularly sensitive. Their finely balanced make-up easily overturns when, for example, lakes are used as reservoirs, dwelling areas, holiday resorts, etc. This calls for responsible water management. The Lake Constance Conservation Scheme – initially launched by the German Environmental Aid Association, and later carried through by the Lake Constance Foundation for Nature

Rechts: Erfahrungen am Bodensee werden an Seenpartner weitergegeben.

Right: Our lake partners benefit from the experiences gained at Lake Constance.

Derecha: Socios de Living Lakes discuten las experiencias sobre desarrollo sostenible en el Lago de Constanza.

Unten: Die Verminderung des Eintrages von Phosphor in den Bodensee ist ein großer Erfolg.

Below: A great success at Lake Constance is the reduction of the content phosphate.

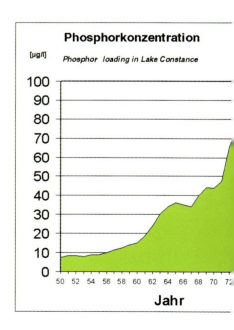

Abajo: La considerable reducción de emisiones de fosfato ha sido un gran éxito en el Lago de Constanza.

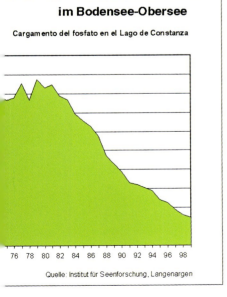

and Culture – has provided valuable experience in a joint effort between Austrian, German and Swiss colleagues.

During the 1990s new, ecologically structured settlements came into being along the shores of Lake Constance; water treatment was optimised; and two private railways set up two local train services. Communities and governments of the neighbouring countries fruitfully switched over to eco-farming. The number of bio-farmers, in fact, has risen considerably. A few solar boats are plying the lake, and since early 2000 a solar-driven ferry has become the centre of everyone's attention.

El lago Constanza como modelo

Debido a sus características naturales, las regiones lacustres son zonas especialmente sensibles en el aspecto ecológico, ya que encierran un rico ecosistema. Al mismo tiempo, muchos lagos constituyen reservas de agua potable y también son hábitat, lugar de trabajo y de ocio imprescindibles para nosotros los seres humanos. Así pues, los conflictos resultan predecibles. La lenta renovación de agua en los lagos nos obliga a una explotación responsable en toda la región de la cuenca. Durante el desarrollo del proyecto para la protección del lago Constanza por parte de la Deutsche Umwelthilfe (Ayuda Ambiental Alemana) y más tarde por parte de la "Fundación del Lago Constanza para la Cultura y la Naturaleza" se recopilaron valiosas experiencias, fruto de la cooperación internacional entre asociaciones ecologistas alemanas, suizas y austríacas.

En los años 90 surgieron en los alrededores del lago Constanza nuevas urbanizaciones edificadas con criterios ecológicos, se perfeccionó el tratamiento del agua y se instalaron dos tramos ferroviarios de gestión privada. Ecologistas, municipios y gobiernos de los estados limítrofes apoyan con éxito un sistema de cultivo ecológico; el número de agricultores ecológicos es hoy en día particularmente alta. Y sobre el propio lago se mueven cada vez más embarcaciones propulsados por energía solar. El nuevo ferry solar "Helio" se ha convertido en un gran atractivo para los turístas.

53

Von der Konfrontation zur Kooperation

Möglich wurde die Entwicklung einer ökologischen Modellregion Bodenseeraum nicht alleine durch die enge Kooperation der Umweltschützer untereinander. Ernstgenommen von Wirtschaft und Politik, entwickelte sich ein partnerschaftliches Verhältnis zu Wirtschaftsunternehmen, Gemeindeverwaltungen und Regierungen der Seeanrainerstaaten. Waren die 70er und 80er Jahre geprägt von der harten Auseinandersetzung mit Gemeinden und Unternehmen, die nach Ansicht der Umweltschützer das ökologische Gleichgewicht des Sees bedrohten, gelang in den 90er Jahren ein Umschwung: Erstmals wurden die Verbände ernst genommen und konnten ihre Ideen gemeinsam mit den ehemaligen Gegnern verwirklichen.

From confrontation to co-operation

That Lake Constance is now an ecological model cannot be attributed solely to the close-knit ties among the environmentalists. Industrial and political groups taking the matter seriously, there evolved, in a spirit of partnership, a liaison between companies, authorities, and the governments of the bordering countries. Though the 1970s and 1980s were uglified through hard confrontations with companies and authorities, who, the environmentalists deemed, were threatening the ecological balance of the lake, a U-turn occurred in the 1990s. From then on the environmentalists could happily work hand in glove with their opponents of yesteryear.

De la confrontación a la cooperación

El desarrollo de una zona ecológica piloto en el Lago Constanza no sólo se hizo posible gracias a la estrecha colaboración de las organizaciones ecologistas entre sí. Gracias al apoyo de la economía y de la política, se ha creado un ambiente de colaboración con empresas regionales, municipios y administraciones de los países limítrofes al lago. Si bien las décadas de los 70 y los 80 se caracterizaron por la dura polémica con municipios y empresas, que en opinión de los ecologistas amenazaban el equilibrio ecológico del lago, en la década de los 90 se produjo un cambio importante. Por primera vez, las asociaciones fueron tomadas en serio y pudieron hacer realidad sus ideas trabajando junto a sus antiguos adversarios.

Mit einer solargetriebenen Fähre (oben) und einem Solarturm (rechts) hat die Kopf AG am Bodensee Zeichen für eine zukunftsfähige Energiewirtschaft gesetzt.

A solar-powered ferry (above) and a solar tower (right) are visible signs of sustainable future-oriented innovative technology made by Kopf AG.

Con un ferry solar (arriba) y una torre solar (derecha), la empresa Kopf AG ha abiertos nuevas perspectivas de producción de energía renovable en el Lago de Constanza.

Zur Entstehung von „Living Lakes"

Ein weltweites Netzwerk von Umweltorganisationen, die sich seit Jahren für eine nachhaltige Entwicklung ihrer Seenregion einsetzen, war lange überfällig. Aus zahlreichen Einzelkontakten entstand die Idee, in Seenregionen erfolgreich tätige Umweltgruppen in einem festen Netzwerk zusammenzubringen. Der "Global Nature Fund" hat dieses Seennetzwerk unter dem Namen „Living Lakes" gegründet. Im Rahmen des Projekts „Living Lakes" fördert der „Global Nature Fund" Modellprojekte an den einzelnen Seen. Damit setzt sich der „Global Nature Fund" nicht nur weltweit für die Erhaltung und den Schutz der natürlichen Lebensgrundlagen ein, sondern er will auch einen Beitrag zu einer nachhaltigen, umweltverträglichen Entwicklung leisten, wie sie in der 1992 in Rio der Janeiro verabschiedeten Agenda 21 beschrieben wird.

How "Living Lakes" originated

An international network of organisations has long been overdue that is vigorously engaged in long-term environmental projects. Various contacts of ours in different parts of the world were the basis for the idea to draw together active lake-related groups to weave a stable network. The Global Nature Fund then coined the name: Living lakes. Within the framework, the Global Nature Fund backs projects for the partner lakes. So the Global Nature Fund not only assists in conserving and protecting lakes, lake regions, and aquatic life – it also contributes to positive developments, as stated in Agenda 21, dealt with in Rio de Janeiro, 1992.

Sobre la creación de "Lagos Vivos"

Hace tiempo que se hacía necesaria la constitución de una red mundial de organizaciones ambientales que abogan desde hace años por un desarrollo sostenible de sus zonas lacustres. A partir de numerosos contactos individuales, surgió la idea de reunir en una red firme a todos aquellos grupos ecologistas que actuan con resultados positivos en regiones lacustres. El Fondo Global para la Naturaleza (Global

Persönlichkeiten des öffentlichen Lebens fördern das Projekt Lebendige Seen. Unten: Südafrikas Innenminister Dr. Mangosuthu Buthelezi mit Dr. Maria Hoffacker von Gruner + Jahr und Dr. Martin Roth von der EXPO 2000. Rechts: Die Filmschauspielerin Stefanie Power bei der Eröffnung von „Living Lakes" in Los Angeles.

Public figures support the project Living Lakes. Below: Dr. Mangosuthu Buthelezi, Minister of Home Affairs, South Africa, Dr Maria Hoffacker from Gruner + Jahr, and Dr. Martin Roth from EXPO 2000. To the right: The actress Stefanie Powers opening Living Lakes in Los Angeles 1998.

Abajo: Personalidades como el Dr. Mangosuthu Buthelezi, Ministro del Interior de Sudáfrica, la Dra. Maria Hoffacker de la editorial Gruner & Jahr y el Dr. Martin Roth, Director de la EXPO 2000, apoyan el proyecto Living Lakes. Derecha: La actriz Stefanie Power durante la presentación oficial de Living Lakes en Los Angeles.

Geschichte „Living Lakes"

4. April 1998

Gründungskonferenz in Radolfzell am Bodensee (Verabschiedung der Statuten und Festlegung der Gründungspartner (Mono Lake, Bodensee, St. Lucia-See, Biwa-See, La Nava, Nestos Seen)

11. Juni 1998

Offizieller Start der internationalen Seenpartnerschaft „Living Lakes" mit einer Pressekonferenz in Los Angeles

15. bis 17. November 1998

Erste Welt-Seenkonferenz in St. Lucia, Südafrika zum Thema „Tourismus und Naturschutz"

4. bis 6. März 1999

Europäische „Living Lakes" - Fachkonferenz in La Nava, Spanien

6. bis 8. Mai 1999

Zweite Welt-Seenkonferenz in Langenargen am Bodensee zum Thema „Erholung und Renaturierung" und Wahl des Baikal-Sees zum Seenpartner

3. Juli 1999

Europäische „Living Lakes" - Fachkonferenz am Nestos in Griechenland

1. bis 4. Oktober 1999

Dritte Welt-Seen-Konferenz am Mono Lake, USA zum Thema „Renaturierung von Flüssen und Seen", Wahl der Broads zum neuen Seenpartner

16. bis 18. Juni 2000

Vierte „Living Lakes"- Konferenz auf der Weltausstellung EXPO 2000 in Hannover zum Thema „Von Konfrontation zu Kooperation"

Nature Fund) ha constituido esta red de lagos bajo el nombre de "Lagos Vivos". Dentro del programa "Lagos Vivos", este fondo promueve proyectos piloto en cada uno de los lagos miembros. Con ello no sólo fomenta la conservación y la protección de los espacios naturales a nivel mundial, sino que también pretende contribuir con un desarrollo sostenible y en armonía con el medio ambiente, tal como se describe en la Agenda 21, aprobada en 1992 en Río de Janeiro.

Die Ziele des weltweiten Seennetzwerks

Ziel des Projektes „Living Lakes" ist es, eine internationale Seenpartnerschaft globaler Agenda 21-Regionen aufzubauen. In diesem weltweiten Netzwerk werden funktionierende Modelle vorgestellt, die zeigen, wie nachhaltige, umweltverträgliche Entwicklungen an Seen in unterschiedlichen Klimazonen und Gesellschaften praktiziert werden können. Die wichtigsten Ziele des Projektes sind im Einzelnen:

- Schutz der Süßwasserreserven unserer Erde
- Vermeidung von Bedrohungen von Seen durch menschliche Eingriffe
- Verbesserung des biologischen Zustandes der Seen
- Renaturierung der Zuflüsse
- Wiederherstellung trockengelegter Seen
- Unterschutzstellung wertvoller Seenlandschaften
- Erhaltung der Artenvielfalt
- Schutz von Drehscheiben des Vogelzugs
- Förderung nachhaltiger Wirtschaftsformen in Seenregionen

Auf internationalen Fachtagungen werden die Probleme rund um den Seenschutz thematisiert und Lösungsansätze erörtert. Die Präsenz von Umweltschützern, hochrangigen Vertretern aus der Wirtschaft und Politik aus der ganzen Welt sowie internationale Medienaufmerksamkeit, helfen nicht nur den einzelnen Seen vor Ort den notwendigen politischen Druck aufzubauen, sie schaffen auch die notwendige Aufmerksamkeit der breiten Öffentlichkeit und der politischen Entscheidungsträger für den Schutz der Seen.

Oben: Thema der „Living Lakes" Konferenz am Mono-See im Oktober 1999 war die Renaturierung der Zuflüsse.

Above: Restoration of tributaries was the topic of the Living Lakes Conference at Mono Lake in October 1999.

Arriba: La restauración de los afluentes ha sido el tema principal de la Conferencia Living Lakes en el Lago Mono en octubre de 1999.

Rechts: Frances Spivy-Weber, Präsidentin des Mono Lake Committee, präsentiert eine Erklärung der Stadt Los Angeles anlässlich des Zweiten Weltseentages am 2. Oktober 1999.

Right: City of Los Angeles Proclamation of 2nd World Lake Day presented to Living Lakes Conference by Frances Spivy-Weber, Mono Lake Committee.

Derecha: Frances Spivy-Weber, Presidenta del Mono Lake Committee, presenta un diploma de la Ciudad de Los Angeles en honor al "Segundo Día Mundial de los Lagos", celebrado el pasado 2

Goals of the Living Lakes network

The "Living lakes" project aims to establish an international lake partnership in conformity with Agenda 21. The network will present models suitable for application in a wide range of climatic zones and societies. The most important are:

- Protecting fresh-water reserves worldwide
- Preventing man-caused lake damage
- Biological improvement to water quality
- Revivifying in-flow and out-flow rivers
- Regenerating dried-out lakes
- Placing lakescapes under government patronage
- Resurrecting animal and plant life
- Restoring nesting and resting places for birds
- Promoting sustainable economies in lake regions

Eagerly discussed at international meetings are the problems of lake protection, and feasible solutions thereto. The coming together of environmentalists, political and industrial VIPs, as well as the international press, is instrumental in applying political pressure. Moreover, such events capture the attention of the general public, and of the decision-makers, in the countries where lake-protection schemes are direly needed.

Los objetivos de la red mundial de lagos

El objetivo del proyecto Lagos Vivos es constituir una comunidad internacional de lagos con sus regiones lacustres dentro de la filosofía de la Agenda 21. En esta red mundial se presentan modelos en funcionamiento que muestran cómo puede practicarse un desarrollo eficiente y ecológico en lagos de distintas zonas climáticas y encuadrados en sociedades también diferentes. En concreto, los princi- pales objetivos del proyecto son los siguientes:

- Protección de las reservas de agua dulce de nuestro planeta
- Evitar las amenazas a los lagos a causa de la intervención del ser humano
- Perfeccionamiento del estado biológico de los lagos
- Renovación de los afluentes
- Recuperación de lagos desecados
- Protección de valiosos paisajes lacustres
- Conservación de la diversidad de la fauna
- Protección de las rutas de migración de las aves
- Promoción de modelos económicos sostenibles en las regiones lacustres

En los congresos monográficos internacionales se tratan los problemas relacionados con la protección de los lagos y se discuten las soluciones. La presencia de ecologistas y representantes de altos cargos de la esfera económica y política de todo el mundo, así como la atención internacional de los medios de comunicación, no sólo contribuyen a ejercer la presión política necesaria en el ámbito local, sino que también captan la imprescindible atención de la opinión pública y de las fuerzas políticas con capacidad de decisión para la protección de los lagos en general.

Internationale Kooperation mit der Wirtschaft

Im Seennetzwerk „Living Lakes" kommt der Zusammenarbeit mit Wirtschaftsunternehmen eine besondere Bedeutung zu. Die Wirtschaftpartner des Projektes bringen ihre Kompetenzen zur Schaffung zukunftsfähiger Strukturen ein. Dabei beschränkt sich die Zusammenarbeit nicht auf die finanzielle Förderung: Die Unternehmen unterstützen das Projekt durch die Entwicklung besonders umweltverträglicher Produkte, sie helfen direkt mit beim Aufbau einer Internet-gestützten Kommunikation zwischen den Partnern, ermöglichen die Durchführung der weltweiten Konferenzen und helfen bei der Umweltbildungsarbeit.

Unilever beispielsweise ist weltweiter Partner von „Living Lakes". Das Unternehmen fördert das Seennetzwerk im Rahmen seines Engagements zum Schutz der Wasserreserven. Darüber hinaus unterstüt-

---

History Living Lakes

4th April, 1998

Formation conference of the foundation members, at Radolfzell/Lake Constance. Enacting the statutes. And assigning the projects (Mono Lake, Lake Constance, Lake St. Lucia, Lake Biwa, La Nava, Nestos lakes).

11th June, 1998

Official launch of international lake partnerships (Living lakes) at a press conference in Los Angeles.

15th – 17th November, 1998

First "World Lakes Conference" at St. Lucia, South Africa. Subject: Nature protection and tourism.

4th – 6th March, 1999

European "Living lakes" conference at La Nava, Spain.

6th – 8th May, 1999

Second "World Lakes Conference" at Langenargen/Lake Constance. Subject: "Recreation & Revivification." Selecting new project partner: Lake Baikal, Russia.

3rd July, 1999

"Living lakes" conference at Nestos, Greece.

1st – 4th October, 1999

Third "World Lakes Conference" at Mono Lake, USA. Subject: "Regenerating rivers and lakes." Selecting new project: The Broads, UK.

16th – 18th June, 2000

Fourth "World Lakes Conference" at the EXPO 2000, Hanover, Germany. Subject: "From confrontation to co-operation."

Historia de "Lago Vivos"

4 de Abril de 1998

Conferencia constitutiva en Radolfzell en el lago Constanza, acuerdo de los estatutos y nombramiento de los miembros fundadores (lago Mono, lago Constanza, lago Sta.Lucía, lago Biwa, laguna La Nava y lagos del Nestos)

11 de Junio de 1998

Comienzo oficial de la andadura de la sociedad internacional de lagos "Lagos Vivos", con una conferencia de prensa en Los Angeles.

Del 15 al 17 de Noviembre de 1998

Primera Conferencia Mundial sobre lagos en Sta. Lucia, Sudáfrica, con el tema de fondo "Turismo y Ecología".

Del 4 al 6 de Marzo de 1999

Conferencia europea monográfica "Lagos Vivos" en La Nava, España.

Del 6 al 8 Mayo de 1999

Segunda Conferencia Mundial sobre lagos en Lagenargen, lago Constanza, sobre el tema "Esparcimiento y recuperación de los lagos" y elección del nuevo miembro del proyecto (Lago Baikal).

3 de Julio de 1999

Conferencia europea monográfica "Lagos Vivos" en Nestos, Grecia.

Del 1 al 4 de Octubre de 1999

Tercera Conferencia Mundial sobre lagos en el lago Mono (E.E.U.U), sobre el tema "Recuperación de ríos y lagos", elección del nuevo miembro del proyecto (Broads).

Del 16 al 18 de Junio del 2000

Cuarta Conferencia Mundial sobre Lagos Vivos en la exposición universal EXPO 2000 sobre el tema "De la confrontación a la cooperación".

zen nationale Unilever-Firmen Projekte der „Living Lakes" Partner in Deutschland, Frankreich, Griechenland, Österreich, Spanien und Südafrika.

Förderer des Projektes „Living Lakes" sind DaimlerChrysler, Deutsche Lufthansa, Compaq Computer, die Ökobank sowie die Deutsche Bundesstiftung Umwelt (DBU). Medienpartner von „Living Lakes" ist die Zeitschrift natur&kosmos sowie das Verlagshaus Gruner + Jahr. Produktpartner im Rahmen der EXPO-Präsentation des Projektes sind die mittelständischen Unternehmen Kopf AG in Sulz, Saeco in Eigeltingen, Conica in Schaffhausen (CH) und die Rohner Textil AG in Heerbrugg (CH).

International co-operation with business enterprises

Much significance is attached to co-operation between the "Living Lakes" network and trade & industry. These companies willingly offer their expertise for "future-sound" projects. They develop environment-friendly systems and equipment, assist in setting up internet-based communications between the partners, facilitate international conferences, and help run re-education schemes. Unilever, for example, supports us internationally to protect fresh-water reserves, and, nationally, Unilever is active in Germany, France, Greece, Austria, Spain, and South Africa.

Other patrons of the "Living lakes" project are: DaimlerChrysler, Deutsche Lufthansa, Compaq Computers, the Ökobank, as well as the Deutsche Bundesstiftung Umwelt (German Federal Foundation for Environment). Media associates are: natur&kosmos and Gruner +Jahr. Of the EXPO-linked medium-sized manufacturers we can name: Kopf AG, in Sulz, Saeco in Eigeltingen, Conica, in Schaffhausen (CH), and Rohner Textil AG, in Heerbrugg (CH).

Cooperación internacional con las empresas

La colaboración con las empresas tiene un significado especial para la red "Lagos Vivos". Las empresas asociadas al proyecto realizan sus aportaciones para la creación de estructuras perdurables. Esta colaboración no se reduce únicamente al patrocinio financiero: las empresas apoyan el proyecto mediante el desarrollo de productos específicamente ecológicos, contribuyen directamente a la organización de la comunicación vía Internet entre los diferentes miembros, hacen posible la realización de conferencias mundiales y cooperan en la labor de formación ambiental.

Unilever, el patrocinador a nivel mundial de "Lagos Vivos" y promueve la red de lagos en el marco de su compromiso empresarial para la protección de las reservas hidrológicas. Además, las empresas Unilever de ámbito nacional apoyan los proyectos de las organizaciones miembros de "Lagos Vivos" en Alemania, Francia, Grecia, Austria, España y Sudáfrica.

Son patrocinadores del proyecto "Lagos Vivos" las empresas DaimlerChrysler, Deutsche Lufthansa, Compaq Computer, el Ökobank y la Fundación Federal Alemana Medio Ambiente (Deutsche Bundesstiftung Umwelt – DBU). Dos medios de comunicación, la revista Naturaleza & Cosmos (natur&kosmos), así como la editorial Gruner + Jahr, apoyan el proyecto. Gracias a la colaboración de las medianas empresas Kopf AG en Sulz, Saeco en Eigeltingen, Conica en Schaffhausen (Suiza) y Rohner Textil AG en Heerbrugg (Suiza), ha sido posible la presentación del proyecto en la EXPO.

„Living Lakes" auf der Weltausstellung EXPO 2000

„Living Lakes" wurde von der Weltausstellung EXPO 2000 als offizielles „Weltweites Projekt" registriert und präsentiert sich auf der Weltausstellung in Hannover im Global House. Internationale Besucher werden hier auf die Möglichkeiten eines weltweiten Schutzes der Trinkwasserreserven unserer Erde aufmerksam gemacht und für den Schutz der Lebensräume sensibilisiert. Vertreter von 13 „Living Lakes" aus vier Kontinenten werben zudem für den Schutz ihrer Seen und laden den Besucher ein, ihre Heimat kennenzulernen.

"Living Lakes" at World Fair EXPO 2000

The officials of Expo 2000 have registered "Living Lakes" as an international project – to be viewed in the Global House at Hanover. Visitors will be confronted with various possibilities of globally protecting drinking water. Furthermore, it is hoped that our exhibits will make spectators more sensitive to environmental issues. Representatives of 13 "Living Lakes" projects, from four continents, will give information on the necessity of safeguarding fresh-water supplies. Furthermore, they will take the opportunity of inviting the public to visit their home countries.

"Lagos Vivos" en la Exposición Universal EXPO 2000

Lagos Vivos fue registrada por la exposición universal EXPO 2000 como proyecto oficial mundial y se presenta en dicha exposición en Hannover en el pabellón Global House. Se llamará la atención de los visitantes internacionales sobre las posibilidades de la preservación mundial de las reservas de agua potable en nuestro planeta y serán sensibilizados hacia la protección de los hábitats naturales. Los representantes de 13 "Lagos Vivos" de cuatro continentes promoverán, además, la preservación de sus lagos e invitarán a los visitantes a conocer sus respectivos países.

Erfolge des Projektes

Durch die Mitgliedschaft im Seennetzwerk haben die einzelnen Seen einen unmittelbaren Vorteil: Wurden die örtlichen Naturschützer oftmals nicht ernst genommen, hilft ihnen das internationale Ansehen des „Global Nature Funds", seiner weltweit agierenden Wirtschaftspartner und das der prominenten übrigen Seen bei ihrer Arbeit vor Ort. So ist es beispielsweise in Spanien im Frühjahr 1999 gelungen, das Projekt Steppensee La Nava aufzuwerten. Die Behörden haben zugesagt, eine durch das Gebiet führende Straße zu verlegen, zwei neue Kläranlagen zu bauen, eine Müllkippe zu sanieren und das Schutzgebiet zu vergrößern. Ein weiteres Beispiel betrifft Südafrika: Hier erzeugte die erste Weltseenkon- ferenz und der erste weltweit proklamierte Weltseentag im November 1998 eine große nationale Aufmerksamkeit für das Gebiet. Die Zahl der Naturtouristen nahm zur Freude der Parkverwaltung wie der Naturschützer stark zu. Im Dezember 1999 erklärte schließlich die UNESCO den St. Lucia-See zum Weltnaturerbe.

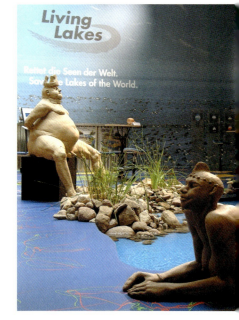

Impressionen vom „Living Lakes"-Stand: Skulpturen von Peter Lenk auf der EXPO 2000 (oben), Besuch von Ricardo Diez-Hochleitner, Präsident des Club of Rome (unten links) und Friedrich Kopf mit Birgit Breuel und Erwin Teufel, Ministerpräsident von Baden-Württemberg, auf dem Solarboot der Kopf AG (rechts).

Impressions from "Living lakes" site during EXPO 2000: sculptures by Peter Lenk (above left); a visit by Ricardo Diez-Hochleitner, president of the Club of Rome (below); Friedrich Kopf with Birgit Breuel and Erwin Teufel at a solar-driven boat (right).

Imágenes del stand Living Lakes: Esculturas creadas por el artista Peter Lenk (arriba). Visita de Ricardo Diéz Hochleitner, Presidente del Club de Roma (abajo). Derecha: Friedrich Kopf, Birgit Breuel y Erwin Teufel, Presidente del Baden-Württemberg al mando del barco solar.

Registered Project of the World Exposition Germany

Successful Living Lakes Network

As a member of the "Living Lakes" network, each lake community has an immediate advantage. Previously, local environmentalists often had difficulty in being taken seriously. Nowadays, they can "sun" themselves in the prestige of the Global Nature Fund, in that of the international patrons, and in that of the other lakes. Thus, it was possible to upgrade the La Nava steppe lake project in Spain, in the spring of 1999. The Spanish authorities finally agreed to re-route a road, to build two new sewage plants, to clear up a large rubbish tip, and – best of all – to enlarge the protected area! South Africa is another instance: a lot of attention was drawn to local problems by convening the first "World Lakes Conference" and by proclaiming the first "World Lakes Day" in November 1998. Much to the pleasure of the park administrators and environmentalists, nature-loving tourists began pouring into South Africa. Eventually, in 1999, the UNESCO awarded Lake St. Lucia the "World Natural Heritage."

Éxitos del proyecto

Cada lago concreto obtiene una ventaja inmediata por su pertenencia a la red de lagos: si a menudo los grupos ecologistas locales no son tomados en serio, el prestigio internacional del Global Nature Fund, el de sus empresas asociadas a nivel mundial y el de los otros lagos famosos les ayudará en su trabajo. Así, por ejemplo, en la primavera de 1999 se ha logrado potenciar en España el proyecto Laguna La Nava. Las autoridades han admitido el cambio de trazado de una carretera que atraviesa la zona y emprenderán la construcción de dos nuevas estaciones depuradoras de aguas residuales, el saneamiento de un vertedero y la extensión de la zona protegida. Un segundo ejemplo se refiere a Sudáfrica: la primera Conferencia Mundial sobre Lagos y el primer Día Mundial de los Lagos, proclamado en noviembre de 1998, despertaron aquí un gran interés nacional por su región lacustre. El número de ecoturistas aumentó considerablemente, para alegría de la administración del parque y de los ecologistas. Finalmente, en diciembre de 1999, la UNESCO declaró al lago Sta. Lucía Reserva Natural de la Biosfera.

Bodensee   *Lake Constance*

Lago Constanza

Ein Kind der Eiszeiten

Vor einer Million Jahre war das Bodenseebecken eine weite Hügellandschaft. Hier entstand vermutlich schon nach der Günz-Eiszeit vor 700.000 Jahren der Ur-Bodensee. Flüsse haben ihn sehr schnell wieder mit Steinen und Sand zugeschüttet. Dieser Vorgang – Aushobeln des Beckens und Zuschütten – wiederholte sich mit jeder der folgenden Eiszeiten, deren letzte vor rund 15.000 Jahren zu Ende ging. Allerdings haben die Gletscher das Bodenseebecken während der Eiszeiten immer tiefer ausgeschürft, zuletzt teilweise bis 1.000 Meter tief. Gleichzeitig wurden nach jeder Eiszeit die Umrisse des Sees unserem heutigen Bodensee immer ähnlicher.

A child of the ice age

A million years ago the lake's basin was hilly countryside. Lake Constance must have been forming over the past 700,000 years – after the Günz, a glacial epoch. However, rivers soon covered its bed with sand and stones. Each glacial epoch cleared or refilled the basin, a succession of events that abruptly ended some 15,000 years ago. Glacial action, of course, deepened the basin, in parts down to 1,000 m. From then on, the lake gradually assumed its present-day appearance.

Producto de las glaciaciones

Hace un millón de años, la cuenca del lago Constanza era un amplio paisaje de colinas. El primitivo lago Constanza surgió aquí presumiblemente después de la glaciación de Gunz, hace 700.000 años. Pero los ríos lo cegaron rápidamente con piedras y arena. Este proceso – excavación de la cuenca y cierre- se repitió con cada una de las siguientes glaciaciones, la ultima de las cuales terminó hace 15.000 años. Los glaciares han ido excavando durante las glaciaciones el fondo del lago, en algunos puntos incluso hasta una profundidad de 1.000 metros. Al mismo tiempo, tras cada glaciación los contornos del lago se iban pareciendo cada vez más a nuestro actual lago Constanza.

Altes Siedlungsland

Erste Spuren von Menschen stammen aus der abklingenden letzten Eiszeit. Vor 7.500 Jahren begannen sie mit Ackerbau und Viehzucht. Zur Bronzezeit vor 4200 bis 3200 Jahren war das Ufer des Überlinger Sees schon relativ dicht besiedelt. Wie die Menschen damals lebten, kann man in den nachgebauten Pfahlbauten in Unteruhldingen erleben.

Pre-historic abodes

Here, the first vestiges of human activity date back to just after the last icy period. Some 7,500 years ago our ancestors began experimenting with soil cultivation and cattle breeding. During the Bronze Age, 4200 to 3200 years ago, the north shore of Lake Constance was relatively densely populated. There is a replica pile-settlement at Unteruhldingen.

Antigua zona de asentamiento

Los primeros vestigios de seres humanos datan del final de la última glaciación. Éstos iniciaron la agricultura y la ganadería hace 7.500 años. En la Edad de Bronce, hace 4.200 – 3200 años, la orilla del lago Überlinger See ya tenia una población bastante densa. Gracias a las reconstrucciones de palafitos de Unteruhldingen podemos conocer cómo vivían entonces los seres humanos.

Reiches Kulturland

In den letzten beiden Jahrtausenden drängten die Menschen den Wald, in dem die Rotbuche vorherrschte, immer weiter zurück, um das Land für Siedlungen, Ackerbau, Wiesen, Obstanlagen, Wein, Hopfen und Viehweiden zu nutzen. Es entstanden schließlich Klosteranlagen und Städte, die heute von vielen Touristen besucht werden, wie die Reichenauer und die Birnauer Kirchen, das Kloster St. Gallen, Altstädte von Stein, Konstanz und Meersburg.

Rich in culture

For two millenia now, man has been cutting back the woods, in which beech was the predominant tree, to exploit the land for settlements, grain crops, pastures, or-

64/65

200.000 Wasservögel überwintern am Bodensee.

200,000 waterfowls winter at Lake Constance.

200.000 aves acuáticas invernan cada año en el Lago Constanza

Partner Lebendige Seen:

Living Lakes partner:

Asociado de Lagos Vivos:

Oben: Naturnahes Ufer am Bodensee.

Above: Natural shoreland at Lake Constance.

Abajo: Orilla en estado natural del Lago Constanza.

chards, vineyards, etc. Eventually, monasteries and townships were built. Anyone visiting Lake Constance should see the Reichenau churches, the Birnau church, the St. Gallen monastery – and ancient towns, such as Stein, Konstanz, and Meersburg.

Un rico terreno de cultivo

Durante los dos últimos milenios los hombres fueron haciendo retroceder cada vez más el bosque, en el que predominaban las hayas, con el fin de aprovechar el terreno para asentamientos, terreno de cultivo, praderas, cultivo de árboles frutales, viñedos, cultivos de lúpulo y pastizales. Finalmente surgieron monasterios y ciudades, que son visitadas hoy en día por muchos turistas, tales como las iglesias de Reichenau y Birnau, el monasterio de St. Gallen, las antiguas ciudades de Stein, Konstanz y Meersburg.

Überdüngung

Trotz der Zufuhr von Nährstoffen aus den Flüssen war der Bodensee bis in die ersten Jahrzehnte des 20. Jahrhunderts ein an Phosphat armer See. Das änderte sich in den 50er und 60er Jahren mit der Umstellung auf Wassertoiletten, der Einführung von phosphathaltigen Waschmitteln und intensiver Düngung der Äcker. Der Bodensee bekam "Bauchschmerzen", weil ihm zu viel von dem Nährstoff Phosphat zugeführt wurde, der ein explosionsartiges Wachstum mikroskopisch kleiner Pflanzen zur Folge hatte. Der Sauerstoff am Grund des Sees reichte nicht mehr für den Abbau der abgestorbenen Pflanzenmassen, die deshalb zu faulen begannen.

Mit einem gewaltigen Einsatz von Wissenschaftlern, Politikern und den Bewohnern im Einzugsgebiet des Bodensees wurden mit der Riesensumme von 8 Milliarden Mark Kläranlagen und ein unterirdi-

sches Kanalnetz gebaut und Verfahren entwickelt, nach denen weniger Nährstoffe von landwirtschaftlichen Flächen abgeschwemmt werden. Damit ging die Belastung mit Phosphat bis 1999 auf die Werte von 1960 zurück. Dies ist einer der größten Erfolge des Seenschutzes. Er war notwendig, weil rund 4,5 Millionen Menschen Bodenseewasser trinken.

Over-fertilisation

Although fed by many in-flowing rivers, Lake Constance contained but a modicum of phosphates till the first decades of the 20th century. The situation changed radically, in the 1950s and 1960s, with the advent of flush toilets, the introduction of chemical detergents and phosphate-based fertilisers. Lake Constance "bellyached," as the over-dosage of phosphates insidiously begot a myriad of microscopic algae. In the lower depths of the lake, plants began to putrefy. Through lack of oxygen, they could not decompose.
Scientists, politicians, and local citizens were obliged to resolve the problem. Finally, some eight billion deutschmarks had to be spent on sewage plants and on an underground network of canals. A process had also to be developed that stopped fertilisers draining off into the lake. A job that proved effective, as the phosphate level fell to its 1960 mark. For 4.5 million people the lake's water was again drinkable.

Fertilización excesiva

A pesar de la incorporación de nutrientes procedentes de los ríos, el lago Constanza era un lago pobre en fosfatos hasta las primeras décadas del siglo XX. Esto cambió en los años 50 y 60 con la instalación de sanitarios de agua, la introducción de detergentes que contenían fosfatos, y la fertilización intensiva de los campos de cultivo. El lago Constanza sufrió "dolor de estómago", porque le fue suministrada demasiada cantidad de fosfato, usado como fertilizante, que produjo un crecimiento explosivo de pequeñas plantas microscópicas. El oxígeno existente en el fondo del lago ya no era suficiente para la desintegración de los restos vegetales, que empezaron por tanto a pudrirse.

Con una enorme movilización de científicos, políticos y de los habitantes de la cuenca del lago Constanza, y con la ingente suma de 8 000 millones de marcos se construyeron plantas depuradoras y una red subterránea de canales, y se desarrollaron procedimientos con los cuales se redujo la cantidad de fertilizantes que eran transportados al lago desde las superficies agríco-

Bodensee
Partner Lebendige Seen

Entstehung

Alter
Größe

Länge, Breite (Obersee)
Wassermenge
Größte Tiefe
Sedimenthöhe im See
Meereshöhe
Einzugsgebiet
Zahl der Zuflüsse
Größter Zufluss
Abfluss
Salzgehalt
Niederschläge pro Jahr

Mittlere Jahrestemperatur Luft
Fast ganzer See gefroren

Bodenseeraum
  Staaten

  Vegetation

  Höhere Pflanzen
  Fische
  Brütende Vögel
  Wasservögel max.
  Einwohner am See
  Zunahme Einwohner
  Zugelassene Wasserfahrzeuge
Bodenseewasser trinken
Größtes Problem
Größter Erfolg

Satellitenaufnahme vom Bodensee, Siedlungen erscheinen rosa.

Satellite picture of Lake Constance, urban areas are pink.

Imagen de satélite del Lago Constanza. El color rosa representa suelo urbanizado.

Bodensee-Stiftung für Natur und Kultur
eiszeitlich, Gletscher und Flusserosion
16.000 Jahre
heute 571 km^2
vor 14.000 Jahren über 1.000 km^2
63 km, 14 km
48,5 Milliarden m^3
254 m
0,10 m bis 150 m
395 m über NN
12.000 km^2
236 Bäche und Flüsse
Alpen-Rhein (Anteil 70 %)
1 (Rhein)
Süßwasser
im Westen 800 mm,
im Osten 1.400 mm
8,6°C
33 mal seit 875, zuletzt 1880 sowie 1963
4.367 km^2
Deutschland, Schweiz, Österreich
Kulturlandschaft mit 25 % Wald
2.000 Arten
39 Arten im See
151 Arten
274.000 (1988) Individuen
1,3 Mio.: 275/km^2 (1991)
1950-1990 53 %
55.907 (31.12.98)
4,5 Mio. Menschen
Zuzug von Menschen
Rückgang des Eintrags von Phosphat

Die türkis gefärbten Flachwasserzone ist ein biologisch aktiver Bereich des Bodensees.

The turquoise green shallow water areas have a rich animal life.

Las zonas de aguas poco profundas presentan la mayor actividad biológica del Lago Constanza.

las. De esta manera, hasta 1999 la contaminación con fosfatos había disminuido a los niveles de 1960. Este es uno de los mayores logros del movimiento de protección de los lagos. Y era necesario, ya que unos 4,5 millones de personas beben agua del Lago Constanza.

Drehscheibe des Vogelzugs

Der Bodensee wird von vielen Wasservögeln als Rastplatz und Überwinterungsgebiet genutzt. Die meisten werden im November beobachtet, pro Jahr im Durchschnitt fast 200.000. Häufigste Arten sind Reiherenten mit 79.000 Individuen im Mittel und Bläßhühner mit 46.000. Im Herbst und Winter ist der Bodensee bei Schnatterenten, Kolbenenten und Tafelenten besonders beliebt. In Deutschland sind dann alle oder fast alle Individuen dieser Entenarten auf dem Bodensee.

Stopover of migratory birds

As of September, Lake Constance becomes a stopover or refuge for thousands of birds. More fly in as the winter proceeds. Up to 200,000 have been counted. Tufted ducks (Aythya fuligula) are particularly common, around 79,000, as well as coots (Fulica atra), of which there are about 46,000. Gadwall (Anas strepera), pochard (Aythya ferina), red-crested pochard (Netta ruffina), shoveler (Anas clypeata), and other species, are frequent winter guests.

Plataforma de la migración de las aves

El lago Constanza es utilizado por muchas aves acuáticas como lugar de descanso y refugio invernal. La mayoría pueden ser observadas durante el mes de noviembre, con un promedio de casi 200.000 aves anuales. Las especies más comunes son el porrón moñudo, con un promedio de 79.000 individuos y la focha común, con 46.000 ejemplares censados. Durante el otoño e invierno, el lago Contanza es elegido preferentemente por ánades frisos, patos colorados y porrones comunes. Durante esta época, todos o casi todos los individuos de estas especies de patos que se encuentran en Alemania están en el Lago Constanza.

Schutzgebiete in Flachwasserzonen

Auf einem See mit fast 56.000 zugelassenen Wasserfahrzeugen ist es notwendig, Schutzgebiete als Ruhezonen für brütende und rastende Wasservögel einzurichten. Das ist geschehen, allerdings nicht in genügendem Umfang. Unbedingt zu erweitern oder neu als Schutzgebiete auszuweisen sind Wasserflächen bei Stein am Rhein, am Untersee, im Rheindelta, bei Lindau und im Konstanzer Trichter. Alle diese vorgeschlagenen Flächen erfüllen die Kriterien international bedeutender Gebiete. Schutz vor Störungen brauchen sie hier nur vom 1. Oktober bis 30. April.

Protection in shallow water areas

As nearly 56,000 boats are registered on Lake Constance, it is abolutely necessary to cordon off havens for birds nesting or resting. To a minor degree, this has been done. New or extended off-limit zones for boats and holidaymakers should be appropriated in the waters around Stein (CH), Radolfzell (D), Lindau (A) and Konstanz (D). All these areas fulfil the criteria for internationally important sites. Their protection need only take effect between 1st October and 30th April.

Zonas protegidas en aguas someras

En un lago por el que circulan casi 56.000 embarcaciones autorizadas, se hace necesario establecer zonas protegidas como refugios para aves acuáticas que estén criando o descansando. Esto se ha llevado a cabo, pero no con la amplitud que sería necesaria. Es imprescindible ampliar o establecer nuevas zonas protegidas en superficies lacustres correspondientes a Stein am Rhein, en el lago inferior, en el delta del Rhin, en Lindau y en el estuario de Constanza. Todas las superficies recomendadas cumplen los criterios por los que se rigen las zonas de interés internacional. Tan sólo necesitan protección frente a perturbaciones desde el 1 de Octubre hasta el 30 de Abril de cada año.

Zuflüsse werden wieder lebendig

Alle größeren in den Bodensee mündenden Flüsse wurden auf großen Strecken kanalisiert und teilweise eingedeicht. Ende der 80er Jahre begann bei den zuständigen Behörden ein Umdenken. Inzwischen wird den Bächen und Flüssen, wo immer möglich, Dynamik zugestanden. Das heißt, bei Hochwasser entstandene Uferabbrüche werden nicht mehr automatisch ausgebessert. Der Eisvogel und eine große Zahl weiterer Tiere finden damit wieder Lebensraum, und Menschen können an renaturierten Flüssen sehr viel erleben.

Lake Constance

Living Lakes partner
Origin
Age
Size

Length/width (main lake)
Water volume
Greatest depth
Sediment
Sea level
Catchment area
In-flows
Largest in-flow
Out-flow
Salt content
Precipitation

Mean air temperature
Frozen over completely

Lake Constance area
   Bordering countries
   Vegetation
   Plants (higher developed)
   Fish
   Nesting birds
   Water birds (max.)
   Inhabitants
   Influx rate
   Registered boats
Lake water, drunk by
Biggest problem
Greatest success

Mäandrierender Zufluss "Radolfzeller Aach".

Meandering tributary "Radolfzeller Aach".

Afluente renaturalizado "Radolfzeller Aach".

Lake Constance Foundation
ice age: glacial, river erosion
16,000 years
today, 571 sq. km, 14,000
years ago, over 1,000 sq. km
63 km/14 km
48,5 billion cubic m
254 m
0,10 m to 150 m
395 m
12,000 sq. km
236 brooks/rivers
Rhine (Alps), 70%
Rhine
freshwater
800 mm (west side)
1,400 mm (east side)
8.6°C
33 times since 875 last: 1880, 1963
4,367 sq. km
Austria, Germany, Switzerland
cultivated, 25% woods
2,000 species
39 species
151 species
274,000 (1988)
1.3 mil: 275/sq. km (1991)
53% (1950-1990)
55,907 (31.12.98)
4.5 mil. people
increase in population
reduction of phosphor

Millionen Touristen erholen sich am Bodensee.

Millions of tourists relax at Lake Constance.

Millones de turistas pasan sus vacaciones en el Lago Constanza.

Revival of tributaries

Larger in-flow rivers were channelled over great distances, and partially diked. Towards the end of the 1980s, however, the eco-specialists began to re-consider the situation and allow dynamic brooks and rivers wherever possible. Which means brooks and rivers may now break their banks and flood. The kingfisher (Alcedo atthis) and many other birds, animals, and plants benefit. People enjoy natural landscapes, too.

Los afluentes reviven

Todos los ríos de mayor tamaño que desembocan en el lago Constanza fueron canalizados a lo largo de grandes extensiones y parcialmente embalsados. Al final de los años 80 comenzó un cambio de orientación entre las autoridades competentes. Actualmente se le concede cierta dinámica a arroyos y ríos, siempre que esto sea posible. Esto significa que las roturas en las orillas, resultantes de las crecidas no son reparadas automáticamente. El martín pescador y un gran número de otros animales encuentran así nuevamente un hábitat, y las personas pueden disfrutar de amplio esparcimiento en ríos renaturalizados.

Abgewehrte Eingriffe

Während des Wachstumsrauschs in den 60er und 70er Jahren des vorigen Jahrhunderts wollten Politiker und Ingenieure auch am Bodensee immer mehr und größere Projekte durchziehen: Der Hochrhein sollte bis zum Bodensee schiffbar gemacht werden, der See sollte aufgestaut und sein Wasser zur Durchspülung des Neckars verwendet werden, über den Überlinger See wollte ein Brückennarr eine Brücke bauen und ins Wollmatinger Ried war eine Landebahn für Flugzeuge geplant. Alle diese und viele weitere Projekte scheiterten am Widerstand der Naturschutzverbände und an der zunehmenden Einsicht von Leuten in Behörden.

Warding off harm

In the 1960-1970 boom years, politicians and engineers came up with "fabulous" projects. One was to make the Rhine navigable as far as Lake Constance. Another was to dam the lake's water to flush the Neckar river (quite a distance from Lake Constance!). Yet another idea was to throw a bridge over the western end of the lake. Particularly nasty was a scheme to lay a runway for aeroplanes through the

Wollmatinger Ried bird sanctuary. Due to the opposition of nature conservation organisations and the growing understanding of the authorities, these proposals were turned down.

Intromisiones rechazadas

También en el lago Constanza, políticos e ingenieros pretendieron llevar a cabo proyectos cada vez mayores y más numerosos durante la explosión demográfica que tuvo lugar durante los años 60 y 70 del siglo pasado. Pretendían que el alto Rhin fuera navegable hasta el lago Constanza, que el propio lago fuera represado y su agua se usara para inyectarla al río Neckar; un fanático de los puentes quería construir uno sobre el lago Überlinger y en Wollmatinger Ried se había planeado una pista de aterrizaje para aviones. Todos estos proyectos y muchos otros fracasaron ante el rechazo por parte de las asociaciones ecologistas y gracias a la creciente comprensión por parte de las autoridades.

Das Bodenseeprojekt

1990 geschah etwas Revolutionäres. Die Deutsche Umwelthilfe und das Wirtschaftsunternehmen Lever Fabergé kreierten das Bodenseeprojekt. Die Umwelthilfe bekam dafür von anderen Naturschutzverbänden und die Leute von Lever Fabergé von anderen Wirtschaftsunternehmen Prügel. Inzwischen wurde das erfolgreiche Bodenseeprojekt zum weltweiten Vorhaben „Lebendige Seen" des „Global Nature Fund" erweitert. Parallel zum Bodenseeprojekt wurde das Modellprojekt Konstanz auf Anregung privater Naturschützer aus der Taufe gehoben. Auch hier arbeiten viele Behörden, Landwirte und Naturschützer erfolgreich zusammen.

Lake Constance project

In 1990 something revolutionary happened. The "Deutsche Umwelthilfe" (DUH) joined forces with Lever Fabergé, a business firm, and created the "Lake Constance Project." Other aid associations and companies did not take that lightly; to them it was a "daring" move. Fortunately, the "Lake Constance Project" was successfully expanded into the "Living Lakes" of the Global Nature Fund. In addition to the "Lake Constance Project", a pilot scheme for the Constance region has been launched. Clearly another instance of authorities, farmers, and conservationists are working together successfully.

El proyecto del Lago Constanza.

En 1990 ocurrió algo revolucionario. La Ayuda Ambiental Alemana (Deutsche Umwelthilfe) y la empresa Lever-Fabergé crearon el proyecto para la Protección del Lago Constanza. Este proyecto fue la causa de que la asociación ecológica recibiera críticas de otras asociaciones, y la compañía Lever-Fabergé fue censurada por otras empresas. Entretanto, el exitoso proyecto para el Lago Constanza ha sido ampliado al Programa mundial Lagos Vivos del Global Nature Fund. Paralelamente, y por iniciativa de ecologistas particulares, se inició el "Modellprojekt Konstanz", proyecto piloto en que colaboran con éxito muchas autoridades, agricultores y ecologistas.

Lago Constanza

Asociado Lagos Vivos
Origen
Antigüedad
Extensión

Longitud, anchura (lago superior)
Volumen de agu
Mayor profundidad
Altura de sedimentos en el lago
Altitud
Cuenca
Número de afluentes
Mayor afluente

Desagüe
Concentración salina
Precipitaciones anuales

Temperatura media anual del ar
Casi todo el lago congelado

Territorio del Lago Constanza*
  Estados
  Vegetación

  Plantas superiores
  Peces
  Aves anidando
  Máx. cant. aves acuáticas
  Habitantes en el lago
  Aumento demográfico
  Embarcaciones autorizadas
  Beben agua del L.Contanza
  Mayor problema
  Mayor éxito

Das in den Bodensee fließende geklärte Abwasser ist klar und weitgehend sauber.

The waste water flowing into Lake Constance is clear and almost clean.

Hoy se depuran todas las aguas residuales antes de ser vertidas al Lago de Constanza.

Fundación Lago Constanza
Glaciares y erosión fluvial
6.000 años
actualmente 571 km^2, hace
14.000 años más de 1.000 km^2
63 Km, 14 Km
48 500 millones de m^3
252 m
0,10 m hasta 150 m
395 m sobre el nivel del mar
12.000 km^2
236 arroyos y ríos
Alpen-Rhin (representa
el 70 %)
1 (Rhin)
Agua dulce
en el oeste 800 mm
en el este 1.400 mm
8,6°C
33 veces desde 875,
 últimas veces: 1880,1963
4.367 km^2
Alemania, Suiza, Austria
Paisaje agrícola con 25 %
de bosque
> 2.000 especies
39 especies en el lago
151 especies
274.000 ejemplares (1988)
1,3 Millones: 275/km^2 (1991)
1950-1990: 53 %
55.907 (31-12-98)
4,5 millones de personas
Afluencia de personas
Disminución de la
incorporación de fosfatos

Graureiher sind Nutznießer der Naturschutzgebiete am Bodensee.

Herons in the nature reserves at Lake Constance – a paradise for birds.

La garza real encuentra un hábitat ideal en las zonas naturales protegidas del Lago Constanza.

Mono-See   *Mono Lake*

Lago Mono

Ein See als Baumeister

Für Besucher des Mono Lake sind die Tufa-Felsen die größte Attraktion, denn wo gibt es das sonst: bizarre Felsen, die im Wasser eines Sees von selbst entstehen? Ursache dafür sind die Karbonate in der Salzbrühe des Wassers und die kalziumhaltigen warmen Quellen, die aus dem Untergrund hervorsprudeln. Aufgrund chemischer Reaktionen bilden sich schlanke, weiße Säulen aus Kalktuff, die bis zu sechs Meter aus dem Wasser ragen, dicke massive Türme und sanft abfallende Platten. Vor der auf- oder untergehenden Sonne gehören die Tufa-Felsen zu den beliebtesten Fotomotiven Kaliforniens.

Da manche Tufa-Felsen viele Kilometer vom heutigen Mono Lake entfernt stehen und an Orten, die über hundert Meter höher liegen als die Seeoberfläche, geben sie Auskunft über die frühere Größe und Tiefe des Sees. Die heute aus dem Wasser ragenden Tufa-Felsen standen 1941 fast noch vollständig unter Wasser. Bis 1982 ist der Seespiegel um 14 Meter gesunken und seitdem wieder um vier Meter gestiegen. Wie es zu dem dramatischen Absinken des Wasserspiegels kam, wird weiter unten erläutert.

Spektakulärster "Besitzer" von Tufa-Säulen sind drei Paar Fischadler, die darauf brüten, obwohl im Mono Lake keine Fische leben. Sie holen sich ihre Nahrung, ausschließlich Fische, aus den Zuflüssen. Ein Paar des Virginischen Uhus brütet ebenfalls auf einem Tufa-Felsen und da, wo sich Höhlen gebildet haben, nisten die wunderschönen violettgrünen Veilchenschwalben.

A lake full of architecture

Visitors to Mono Lake are fascinated by the tufa towers, for where else can bizarre rocks be seen soaring out of the middle of a lake? Due to the unusual chemistry of the water, tufa (consisting of calcium carbonate) precipitates where freshwater springs enter the lake. These chemical reactions have also formed slender white columns of tufaceous limestone, which protrude 6 metres into the air, massive towers, and smooth, down-sloping ledges. When the sun rises or sets, Mono Lake is one of California's most popular photo sets.

There are tufa rocks many kilometres from Mono Lake. A few are situated a hundred metres or higher than the lake itself, a fact which indicates that the lake was once much larger and deeper. Above surface, most of the lake rocks were not even visible in 1941. By 1982 the lake sank by 14 metres. In the meanwhile, the waters have risen again by 4 metres. This "drop & rise" will be explained later.

Spectacularly, 3 pairs of osprey (Pandion haliaetus) have built nests on the tufa

Mono-See

Partner Lebendige Seen
Entstehung

Alter
Größe
Länge, Breite
Wassermenge
Größte Tiefe
Meereshöhe 1999
Einzugsgebiet
Zahl der Zuflüsse
Größte Zuflüsse

Abfluss
Salzgehalt
Niederschläge pro Jahr am See
   im Gebirge

Mittlere Jahrestemperatur Luft
Vollständig zugefroren
Staat
Vegetation Einzugsgebiet
Zahl der Tierarten im See
Fische
Vögel
   brütend/rastend

Größtes Problem

Größter Erfolg

74/75 + 77

Die Tufa-Felsen des Mono-Sees sind unter Wasser entstanden. Sie sind heute zu sehen, weil die Stadt Los Angeles zu viel Wasser aus den Zuflüssen entnommen hat. Dank des Einsatzes des Mono Lake Committee steigt der Wasserstand des Sees wieder.

The tufa rocks were formed in the water of Mono Lake itself. Due to water diverted to Los Angeles, the lake level dropped, and the tufa towers became visible. Thanks to the efforts of the Mono Lake Committee, the lake level is rising again.

Mono Lake Committee
Tektonik und Gletscher
(5 Eiszeiten)
über 760.000 Jahre
182 km^2
20,92 x 14,48 km
3,22 km^3
48,8 m
1.947 m über NN
1.800 km^2
4 Hauptzuflüsse
Rush Creek, Lee Vining
Creek, Mill Creek
keiner
75 g/l (2000)
152 – 330 mm
305 – 1,016 mm (1,270 –
8,890 mm Schnee)
9,4° C
nein, zu salzig
Kalifornien in den USA
Trockenes Buschland
Salinenkrebse+Alkalifliegen
keine
über 250 Arten
50.000 Kalifornische Möwen
2 Mio. Schwarzhalstaucher,
80.000 Wilson-Wassertreter,
60.000 Odinshühnchen
Entnahme von Wasser aus
Zuflüssen
Verringerung der Entnahme
von Wasser

Las rocas de toba se formaron debajo del agua. Hoy se pueden ver dada la extracción exesiva de agua durante muchos años para abastecer a la Ciudad de Los Angeles. Gracias al esfuerzo del Mono Lake Committee, el nivel del lago está subiendo otra vez.

Links: Satellitenaufnahme vom Mono-See.

Left: *Satellite picture of Mono Lake.*

Izquierda: Imagen de Satélite del Lago Mono.

columns, although the lake is utterly fishless. Smart birds, they fish in the in-flowing rivers. A pair of great horned owl (Bubo virginianus) has followed suit. Topping this, the beautiful violet-green swallows (Tachycineta thalassina) lodge their nests in hollows.

Un lago como constructor

La mayor atracción para los visitantes del lago Mono son las rocas de toba, ya que en ningún otro lugar se encuentra algo semejante: extrañas rocas que emergen por sí mismas del agua de un lago. La causa de su formación son los carbonatos existentes en el caldo salobre del agua y los manantiales calientes ricos en calcio que borbotean desde el fondo. Debido a las reacciones químicas, se forman esbeltas columnas blancas de cal que sobresalen hasta seis metros sobre el agua, sólidas rocas gruesas y placas suavemente inclinadas. Las rocas calcáreas recortadas contra el sol del amanecer o del atardecer constituyen uno de los motivos fotográficos favoritos de California.

Dado que numerosas rocas calcáreas se encuentran a muchos kilómetros de distancia del actual lago Mono y en lugares que están a más de cien metros de altura sobre la superficie actual del mismo, nos proporcionan una idea aproximada del tamaño y profundidad primitivos del lago. Las rocas que hoy en día sobresalen del agua estaban aún totalmente sumergidas en 1941. Hasta 1982 el nivel del lago había descendido unos 14 metros y desde entonces ha vuelto ha subir. Mas adelante se explica cómo se produjo el dramático descenso del nivel del agua.

Los "dueños" más espectaculares de tres de estas columnas son tres parejas de águilas pescadoras que anida ahí a pesar de la ausencia de peces en el lago Mono. Buscan su alimento, constituido exclusivamente por pescado, en los afluentes. Una pareja de búhos de Virginia anida igualmente sobre una roca calcárea y en los lugares donde se han formado cuevas anidan las bellísimas golondrinas de color verde-violeta.

Zwei Tiere trotzen der Salz- und Alkalibrühe

Das Wasser des Mono Lake ist dreimal salziger als Meerwasser. Über seinen Alkali-Gehalt hat Mark Twain bereits sehr anschaulich berichtet. Er brauchte seine dreckigen Kleider vom Boot aus nur ins Wasser zu hängen und auszuwringen. Dann waren sie so sauber, als wenn eine Waschfrau sie auf dem Waschbrett mit Seife geschrubbt hätte. So wurde gewaschen, als es noch keine Waschmaschinen gab.

Und in dieser Brühe soll noch etwas leben? Ganze zwei kleine Tierarten werden mit diesen extremen Bedingungen fertig. Grundlage für ihre Existenz sind winzige

Algen, die sich im Frühjahr ganz schnell immer wieder teilen. Dadurch entsteht schließlich eine grüne Suppe, in die man gerade einen Meter tief hineinsehen kann. Das ist ein Schlaraffenland für einen gerade einen Zentimeter langen Salzkrebs, der sich nun selbst explosionsartig vermehrt. Gegen Ende des Sommers produzieren die Krebse Eier, die auf dem Seegrund den Winter überdauern.

Das zweite kleine Tier des Mono-Sees ist die Alkalifliege. Auch sie ernährt sich von den Algen, allerdings nicht im Wasser wie die Salzkrebse, sondern am Ufer, wo sie die angeschwemmten Algen verzehrt. Während der warmen Jahreszeit umgibt den See ein wimmelndes einen halben Meter breites Band von Fliegen. Zum Eierlegen kriechen die Alkalifliegen an den Tuffsäulen ins Wasser. Während dieser Zeit atmen sie mit Hilfe einer Luftblase um ihren Körper. Nach ein paar Wochen Algenmenü im See bilden die Larven eine feste Hülle um ihren Körper, in der sie sich verpuppen. Neben den erwachsenen Fliegen sind die Puppen eine beliebte Nahrung einiger Vogelarten.

Two species defy salt and alkali

Mono Lake is three times saltier than the oceans. Mark Twain, a US humorist and novelist (1835-1910), reported on the alkali content. He needed only to hang his dirty clothes overboard into Mono Lake's waters, and wring them out. Then, said Mr Twain, they were as clean as though a laundress had scrubbed them with soap on a washboard. Of course, that was the era before the washing machine...

Can anything live in such a concoction? Yes, two animals have mastered this environment. They owe their survival to two minute algae that, in rapid succession, divide in spring. These green "clouds" being semi-diaphanous can be seen through down to about a metre. In other words, "milk and honey" flows, providing food for endemic brine shrimp (10 millimetres), which lay, when summer fades, a super-abundance of eggs, which lie on the lake's floor during the winter.

The other little "chap" is the alkali fly, which lives on algae that has been washed ashore. During warm weather, a belt, half a metre wide, of buzzing, whining flies surrounds Mono Lake. The alkali fly crawls down the tufa columns into the water to lay its eggs. Breathing is accomplished through an air bubble. After a few weeks of algae soup, the larvae pupate in a chrysalis (hard capsule), before completing their metamorphosis. For some birds, adult flies and chrysalises make a delectable meal!

Dos animales se enfrentan al caldo salino y alcalino

El agua del lago Mono es tres veces salada que el agua del mar. Sobre su contenido alcalino ya informó Mark Twain muy gráficamente. Tan sólo tenía que sumergir su ropa sucia en el agua desde el barco y luego escurrirla. Quedaba entonces tan limpia como si una lavandera la hubiera frota-

Mono Lake

Living Lakes partner
Origin

Age
Size
Length/width
Water volume
Greatest depth
Sea level
Catchment area
In-flows
Largest in-flowing rivers

Out-flow
Salt content
Precipitation
   in the mountains

Mean air temperature
Completely frozen
Country
Vegetation
Number of animal species
   living in lake
Fish
Birds
   major nesters:
   major migratory species

Biggest problem

Greatest success

Links: Ein Zentimeter lange Salzkrebse vermehren sich im Mono-See jedes Jahr explosionsartig.

Left: The brine shrimps (10 mm) produce a superabundance of offspring every year.

Izquierda: En primavera, los pequeños cangrejos salinos se reproducen masivamente lo que significa una abundante fuente de alimentación.

Oben: Auf dem Mono-See rasten bis zu zwei Mio Schwarzhalstaucher.

Above: Up to 2 mil. black-necked grebes can be seen resting at Mono Lake.

Arriba: Cada año, hasta dos millones de zampullines cuellinegros invernan en el Lago Mono.

Mono Lake Committee
geological processes: block faulting activity and glacier over 760,00 years
182 sq. km
20.92 x 14.48 km
3.22 cubic km
48.8 m
1,947 m
1,800 sq. km
4 major
Rush Creek, Lee Vining Creek, Mill Creek
none
75 g/litre (2000)
152 – 330 mm p.a.
305 –1,016 mm (1,270-8,890 mm snow)
9.4°C
no, too salty
USA (California)
sagebrush, high desert
brine shrimps and alkali flies

none
more than 250 species
50,000 California Gull
2 mil. Black-necked Grebe, 80,000 Wilson's Phalarope, 60,000 Red-necked Phalarope
Water withdrawal from in-flowing rivers
Minimising water withdrawal

Partner Lebendige Seen:

Living Lakes partner:

Asociado de Lagos Vivos:

do con jabón sobre la tabla de lavar. Así se lavaba cuando aún no había lavadoras.

¿Y se supone que en este caldo aún puede vivir algo? Pues si, dos especies animales muy pequeñas logran superar estas condiciones extremas. La base de su existencia son unas algas minúsculas que durante la primavera se reproducen muy rápidamente por escisión. Así se forma finalmente un caldo verde, dentro del cual apenas se puede ver con claridad a un metro de profundidad. Esto es un paraíso para un cangrejo salino que tiene exactamente un centímetro de tamaño y que se reproduce a su vez de forma explosiva. Hacia el final del verano los cangrejos producen huevos, que resisten el invierno en el fondo del lago.

El segundo animal diminuto del lago Mono es la mosca alcalina. También ella se alimenta de las algas, aunque no en el agua como los cangrejos salobres, sino en la orilla, donde consume las algas que se quedan varadas. Durante la estación cálida el lago está rodeado de una bulliciosa franja de medio metro de anchura formada por moscas. Para poner huevos, las moscas se sumergen en el agua recorriendo las columnas calcáreas. Durante este tiempo toman aire con ayuda de una burbuja que se forma alrededor de su cuerpo. Tras un par de semanas de menú a base de algas en el lago, las larvas forman un resistente caparazón que envuelve su cuerpo, en el que se transforman en pupas. Junto a las moscas adultas, estas crisálidas constituyen un alimento muy apreciado por algunas especies de aves.

Schlaraffenland für Durchzügler

Einer der besonderen Vögel am Mono-See ist der Wilson-Wassertreter. Von ihm wurden bis zu 80.000 Vögel gezählt. Das sind rund 10 Prozent des Weltbestandes dieser Vogelart. Wilson-Wassertreter brüten in Feuchtgebieten der Prärie in Nordamerika und Kanada und ziehen in ihre Winterquartiere in Südamerika. Auf dem Weg dorthin rasten sie an den Salzseen. Hier schwimmen die faustgroßen, weniger als 30 Gramm wiegenden Vögel dank luftgepolsterter Brustfedern wie Korken auf dem Wasser, kreiseln um sich selbst, um Nahrungstiere nach oben zu wirbeln und picken an der Oberfläche nach Salzkrebsen, Alkalifliegen und deren Puppen. Während ihres Aufenthalts am Mono-See verdoppeln sie ihr Gewicht. Einigen fällt es dann schwer, vom Wasser abzuheben. Das Fett benötigen sie als Treibstoff für einen abenteuerlichen Nonstop-Flug über den Großen Ozean nach Südamerika. Hier überwintern sie bevorzugt in Bolivien, Chile und Argentinien. Bis zu 500.000 wurden am Mar Chiquita gezählt.

Vom Schwarzhalstaucher können am Mono-See bis zu 2 Millionen Vögel rasten. Das ist ein großer Teil aller nordamerikanischen Brutvögel. Sie verzehren am Mono-See bevorzugt Salzkrebse, die sie aus dem Wasser picken.

Das Besondere im Mono-See ist die Armut der Tierarten im Wasser. Salzkrebse und Alkalifliegen haben im Wasser keine Konkurrenten. Deshalb wachsen ihre Bestände auf nicht zählbare Mengen. Sie sind wiederum die Basis für hier rastende Vögel, die sich auf das zwar einseitige, aber riesige Nahrungsangebot eingestellt haben.

A land of milk and honey for migratory birds

Well represented is Wilson's phalarope (P. tricolor). Up to 80,000 of these waders have been recorded here. That is about 10 per cent of the entire population. These birds nest in wet areas of the American and Canadian prairies, before migrating to South America. En route, these phalaropes stop over at salt lakes, and, breast feathers filled with air, bob up and down like corks in the water. Spinning around their own axis, which drives prey to the surface, the phalaropes easily pick off crustaceans and alkali flies. No larger than a man's fist, they weigh less than 30 grammes. However, the laden table provides so much food that it becomes difficult for the birds to take off again. Many double their weight! The extra fat reserves are fuel for an adventurous non-stop flight down to Argentina, Bolivia, or Chile. Up to 500,000 Wilson's phalaropes have been counted at Mar Chiquita in Argentina.

As many as 2 million black-necked grebes rest at Mono Lake. This is a large segment of North America's entire population. Crustaceans are their preferred diet.

Mono Lake's low number of aquatic species is something special. Only one species of crustacean and one species of fly exist there. They do not view each other as prey, nor are there fish to eat them, which explains why possibly trillions of both species abound. Even if the diet is not well balanced, they provide everlasting nutriment for the birds.

Paraíso para las aves migratorias

Una de las singulares aves del lago Mono es el falaropo tricolor. De esta especie se contabilizaron hasta 140.000 ejemplares. Esto representa aproximadamente el 10 % de la población mundial de esta especie de ave. Los falaropos tricolor anidan en zonas húmedas de las praderas norteamericanas y del Canadá y emigran a sus territorios de invierno en Sudamérica. En su viaje hacia allí descansan en los lagos salinos de California. Aquí estas aves pequeñas, del tamaño de un puño y con un peso menor de 30 gramos, flotan como corchos sobre el agua

Lago Mono

Asociado Lagos Vivos
Origen

Antigüedad
Extensión
Longitud, anchura
Volumen de agua
Profundidad máxima
Altitud en 1999
Cuenca
Numero de afluentes
Afluentes mayores

Salidas ó desagües
Concentración salina
Precipitaciones anuales en el lago

Temp. ambiental media anual
Completamente congelado
Estado
Vegetación de la cuenca

Numero de especies en el lago
Peces
Aves

Aves invernantes

Mayor problema

Mayor éxito

Der Mono-See im Sommer.

Mono Lake in summer.

El Lago Mono en verano.

Mono Lake Committee
Tectónico y glaciar (5 glaciaciones)
más de 760.000 años
182 km^2
20,92 x 14,48 km
3,22 km^3
48,8 m
1.947 m sobre el nivel del mar
1.800 km^2
4
Rush Creek, Lee Vining Creek, Mill Creek
ninguno
75 gr./l (2000)
152 – 330 m, en las montañas
305-1,016 mm (1,270-8,890 mm nieve)
9,4°C
No, demasiado salino
California, en los EE.UU.
matorral, vegetación del desierto
desconocido
Ninguno
más de 250 especies, Anidando 50.000 gaviotas californianas
2 millones de zampullines cuellinegros, 80.000 falaropos de Wilson, 60.000 falaropos picofinos, 10.000 patos
Extracción del agua de los ríos que desembocan en el Lago Mono
Reducción de la cantidad del agua extraida, aumento del nivel del agua del lago

gracias al plumón esponjado de su pecho, giran sobre sí mismas para atraer hacia arriba pequeños nutrientes animales y picotean en la superficie cangrejos salinos y moscas alcalinas, así como sus larvas. Durante su estancia en el lago Mono doblan su peso. A algunas les resulta difícil después elevarse sobre el agua. Necesitan la grasa como combustible para un aventurado viaje sin paradas sobre el océano Pacífico con rumbo a Sudamérica. Una vez aquí, invernan preferentemente en Bolivia, Chile y Argentina. En la Mar Chiquita se contaron hasta 50.000 ejemplares.

En el lago Mono pueden invernar hasta 2 millones de ejemplares de zampullín cuellinegro. Esto representa una parte importante de todas las aves que crían en Norteamerica. Se alimentan en el lago Mono, preferentemente de cangrejos salobres que picotean en la superficie del agua.

La particularidad del lago Mono viene determinada por la escasez de especies animales en el agua. Los cangrejos salobres y las moscas alcalinas no tienen competidores. Por eso sus poblaciones crecen hasta alcanzar cantidades imposibles de contar. Ellos constituyen a su vez la fuente de nutrición para las aves que descansan aquí, que se han adaptado a la quizás monótona pero enorme oferta alimenticia.

Los Angeles' Wasserdurst

In den heißen Weststaaten Nordamerikas ist Wasser Mangelware. Millionenstädte wie Los Angeles könnten ohne Zufuhr von Wasser nicht existieren. Einige Wasserquellen der Stadt sind vier der fünf Zuflüsse zum Mono Lake. Über ein 560 km langes System von Röhren und Kanälen fließt das Wasser allein mit Schwerkraft nach Los Angeles. Da der Mono-See keinen Abfluss hat, wurde er im Laufe seiner 760.000 Jahre immer salziger. Das ist das Schicksal aller abflusslosen Seen. Seit 1941 sank der Wasserspiegel bis 1982 um 14 Meter, und entsprechend nahm der Anteil von Salz immer mehr zu. Der Tod allen Lebens im See war vorprogrammiert, wenn die Entnahme so weitergegangen wäre wie seit 1941.

1978 gründeten Studenten das Mono Lake Committee mit dem Ziel, die Ableitung von Wasser nach Los Angeles zu beschränken, um die Lebenswelt des Sees zu retten. Die Wasserbehörde der Stadt interessierten die ökologischen Probleme des Sees jedoch überhaupt nicht. 16 Jahre dauerten die Auseinandersetzungen mit Gutachten, Gerichtsverfahren und öffentlichen Kampagnen. Schließlich setzte sich das Mono Lake Committee durch. 1994 wurde die Entnahme von Wasser beschränkt. Die Zuflüsse müssen seitdem das ganze Jahr

über Wasser führen. Mit diesem Zustrom ist der See wieder um vier Meter angestiegen.

Thirsty Los Angeles

The dry west-coast states of America suffer from a scarcity of drinking water. Megalopolises like Los Angeles just could not exist without importing it. Some of L.A.'s water sources stem from four of Mono Lake's tributaries. Via a 560 kilometres system of pipes and canals, operated solely by the force of gravity, water is flushed to the city. As mentioned earlier, Mono Lake became saltier in its 760,000 years of existence – owing to the lack of out-flowing rivers. Again, between 1941 and 1982 the lake sank by 14 metres, thereby increasing the salt content. The end of all life in the lake was pre-programmed if, as since 1941, more water were siphoned off.

In 1978 students founded the "Mono Lake Committee" in order to save the lake by limiting the flow of water to L.A. However, the water authorities did not care about ecological issues. The dispute lasted 16 years, interlaced with expert opinions, legal proceedings, and public campaigns. Eventually, the Mono Lake Committee won the day. As of 1994, the flow of water from Mono Lake to L.A. was limited. The rivers now carry water all year round. And, thank heavens, the lake has risen by 4 metres.

La sed de Los Angeles

En los cálidos estados occidentales de Norteamérica el agua es un bien escaso. Ciudades densamente pobladas como Los Angeles no podrían subsistir sin abastecimiento externo de agua. Cuatro de los cinco ríos que alimentan el lago Mono constituyen algunas de las fuentes de agua para la ciudad. El agua fluye hacia Los Angeles a través de un sistema de conductos y canales de 560 Km de longitud, impulsada tan sólo por la fuerza de la gravedad. Como el lago Mono carece de desagüe, su salinidad ha ido aumentando progresivamente a lo largo de sus 760.000 años. Este es el destino de todos los lagos carentes de desagüe. De 1941 a 1982 el nivel del agua descendió 14 metros y, en consecuencia, aumentó cada vez más la concentración de sal. Si no se variaba el ritmo de extracción mantenido desde 1941, la desaparición de toda la vida del lago estaba programada de antemano.

En 1978 unos estudiantes crearon el Comité del Lago Mono, con el objetivo de li-

Der Los Angeles Aquaduct leitet Wasser über viele hundert Kilometer durch die Kalifornische Wüste nach Los Angeles.

The Los Angeles Aqueduct carries water over several hundred miles to Los Angeles.

El acueducto de Los Angeles lleva el agua a miles de kilometros a través del desierto hasta Los Angeles.

Links: Informations-Zentrum des Mono Lake Committee in Lee Vining.

Left: Information Centre at Lee Vining, Mono Lake Committee.

Izquierda: El Centro de Información del Mono Lake Committee en Lee Vining.

Unten: Kalifornische Möwen am Mono-See.

Below: Californian gulls at Mono Lake.

La Gaviota de California en el Lago Mono.

mitar el suministro de agua hacia Los Angeles y salvaguardar así la vida acuática del lago. Sin embargo, a las autoridades hidrológicas de la ciudad no le interesaban en absoluto los problemas ecológicos del lago. Los debates con informes, juicios y campañas públicas duraron 16 años. Por fin ganó el Comité del Lago Mono. En 1994 se limitó la extracción de agua. Desde entonces los afluentes transportan agua hacia el lago durante todo el año. Con esta afluencia de agua el nivel del lago se ha incrementado de nuevo en cuatro metros.

Aus Gegnern wurden Verbündete

Inzwischen sind die Wasserbehörden und das Mono Lake Committee Verbündete geworden. Gemeinsam versuchen sie, die Wasserprobleme am Mono-See und in Los Angeles zu lösen. Wassersparen mit 700.000 Spartoiletten und die Klärung von Abwasser führte zu weniger Verbrauch. Doch das Potenzial an Möglichkeiten zum sparsamen Umgang mit Wasser ist noch lange nicht erschöpft. Hier gibt es noch viel zu tun.

The hatchet has been buried

Meanwhile, the two squabblers have joined forces. Together, the water-authorities and the Mono Lake Committee are doing their best to resolve the problems Los Angeles and Mono Lake are facing. Water-saving toilets and modern water recycling facilities reduce consumption. Still, much more can be done. All possibilities have not been exhausted.

Los adversarios se convirtieron en aliados

Entretanto, las autoridades hidrológicas y el Comité del lago Mono han formado una alianza. Juntos intentan resolver los problemas del agua en el lago Mono y en Los Angeles. El uso de 700.000 sanitarios de bajo consumo y la depuración de las aguas residuales lograron que el consumo de agua se redujera. Pero las posibilidades potenciales para el uso racional del agua aún no se ha agotado en absoluto. Aun queda mucho por hacer en este aspecto.

Biwa-See *Lake Biwa*

Lago Biwa

Hohes Alter

Im Vergleich zu den meisten Seen der Welt ist der Biwa-See sehr alt, denn ein erster kleiner See entstand auf seinem heutigen Areal schon vor vier bis fünf Millionen Jahren, und seine jetzige Form erhielt er schon vor vier Millionen Jahren. Wesentlich jünger sind die Sümpfe an den Ufern. Sie sind lediglich einige zehntausend Jahre alt. Mit 674 Quadratkilometern ist der Biwa-See größer als der Bodensee, und ähnlich wie er ist er zweigeteilt in einen großen durchschnittlich 43 Meter tiefen und einen kleineren, flachen See mit nur vier Metern Tiefe im Durchschnitt. Entsprechend verschieden sind die Lebensgemeinschaften der Pflanzen und Tiere in beiden Teilen des Sees.

In den Biwa-See mündet ein Netzwerk von 460 Bächen und Flüssen, von denen der längste, der Yasu-Fluss, 62 Kilometer lang ist. Obwohl der Biwa-See größer ist als der Bodensee, ist das Einzugsgebiet des Biwa-Sees nur etwas mehr als ein Viertel so groß. 70 Prozent des Einzugsgebietes sind bewaldet, 16 Prozent werden landwirtschaftlich genutzt und 13 Prozent sind von Städten, Dörfern und Industrieanlagen geprägt.

A ripe old age

Compared with most other lakes, Lake Biwa has already reached a ripe old age; for its predecessor, a smaller lake, evolved four to five million years ago. Its present form dates back some four million years. Swamps encompassing Lake Biwa are much younger – a few tens of thousands of years. Measuring 674 square kilometres, this Japanese lake is larger than Lake Constance (shared by Austria, Germany, and Switzerland), and, similar to the latter, is divided into two parts. The major section's depth, on average, is 43 metres, whereas that of the minor section is only about four metres. Accordingly, the plants and animals of these two habitats differ, too.

A network of some 460 brooks and rivers feed Lake Biwa. The Yasu, measuring 62 km, is the longest of the in-flow rivers. Although Lake Biwa, as said, is larger than Lake Constance, its catchment area is only a little more than a quarter of that of Lake Constance. Seventy per cent of Lake Biwa's catchment area (excluding the lake itself) are woodland, 16 per cent farmland, and 13 per cent have been taken up by towns, villages, and industry.

84/85:

Kirschblüte am Biwa-See.

Cherry blossom at Lake Biwa.

Flor del cerezo en el Lago Biwa.

Links: Die Satellitenaufnahme zeigt die ausgedehnte Siedlungsfläche am Biwa-See.

Left: The satellite picture shows the vast settlement around Lake Biwa.

Izquierda: La imagen de satélite muestra las grandes superficies urbanizadas en las orillas del Lago Biwa.

Oben: Heilige Insel Chikubushima mit Tempeln.

Above: Chikubushima, a sacred island with temples.

Arriba: Chikuhushima: isla sagrada con templos.

Gran antigüedad

En comparación con la mayoría de los lagos del mundo, el lago Biwa es antiquísimo, ya que un pequeño lago inicial surgió en su área actual hace cuatro a cinco millones de años, adoptando su forma actual hace 4.000.000 años. Los pantanos de las orillas son mucho más jóvenes. Tienen apenas unos cuantas decenas de miles de años. Con sus 674 kilómetros cuadrados, el lago Biwa es mayor que el lago Constanza, e igual que éste, está separado en dos partes, con un lago mayor con un promedio de 43 metros de profundidad, y otro más pequeño y poco profundo, con sólo cuatro metros de profundidad en promedio. Las comunidades de plantas y animales de ambas partes del lago son también diferentes.

En el lago Biwa desemboca una red de 460 arroyos y ríos, de los cuales el más largo es el río Yasu, con 62 kilómetros de longitud. Aunque el lago Biwa es mayor que el lago Constanza, el tamaño de la cuenca del lago Biwa es apenas algo más que una cuarta parte de la del lago Constanza. El 70% de la cuenca es boscosa, el 16% es explotado por la agricultura y el 13% restante se caracteriza por la ubicación de ciudades, pueblos e instalaciones industriales.

Große Vielfalt der Natur

Entsprechend seinem hohen Alter haben sich im Biwa-See relativ viele endemische Pflanzen- und Tierarten entwickelt. Das sind Arten oder Unterarten, die es nur am Biwa-See gibt und sonst nirgendwo. Von den rund 1.100 Arten, die hier insgesamt leben, sind 57 Arten, darunter 12 Fischarten, endemisch. Zu den Endemiten gehört auch die Kleine Perlmuschel. Die Fische des Sees waren neben der Landwirtschaft eine der Lebensgrundlagen für die Menschen. Alle Fische machen Laichwanderungen aus tieferen Teilen des Sees an die Ufer oder die Flüsse hinauf bis in die Berge, denn viele von ihnen brauchen die meiste Zeit des Jahres das kühle Wasser in den Tiefen des Sees und zum Laichen entweder die warmen Zonen am Ufer oder das kühle Wasser und die Kiesbänke in den Bergen.

Probleme haben aus Nordamerika stammende Fische gebracht, die im Biwa-See eingesetzt wurden, z.B. der Forellenbarsch und Lachsfische. Man hatte sich gedacht, mit ihnen die Fauna zu bereichern und zusätzlich attraktive Arten nutzen zu können. Doch die importierten Fische verzehren gerne den Laich und junge Fische der heimischen Arten, womit die Erträge insgesamt zurückgingen.

Von Wasservögeln brüten nur wenige Arten am Biwa-See, zum Beispiel Zwergtaucher, Chinadommel (die ähnlich aussieht wie die europäische Zwergdommel), Seidenreiher, Graureiher und als einzige Entenart die Fleckschnabelente. Als Zugvögel kommen viele weitere Arten zum Biwa-See. Darunter sind viele für europäische Vogelkundler gute Bekannte wie Rothalstaucher, Gänsesäger, Singschwäne und Schnatterenten.

A wide variety of nature

Parallel to its age, a fairly large number of endemic animals and plants has developed in Lake Biwa. These are species or sub-species native to Lake Biwa, nowhere else. Of the creatures recorded, approximately 1,100, 57 species, 12 of them fish, are endemic, including a little pearl oyster. Farming is important, but so is fishing. In the spawning season, some fish wander off to warm, shallow parts of the lake, others "climb" the rivers in search of cold gravel beds at high altitudes.

Species introduced from North America, e.g. black bass, and bluegills, are causing problems. The Japanese thought they would enrich the fauna, and be profitable. Alas, these imports have a voracious appetite for their neighbours' spawn, and for small fry.

Not many birds nest at Lake Biwa, the few that do are: little grebe (Tachybaptus ruficollis), a Chinese version of the European little bittern (Ixobrychus sinensis), little egret (Egretta garzetta), and grey heron (Ardea cinera). The only anatine that breeds at Lake Biwa is the spot-billed duck (Anas poecilorhyncha). However, migratory birds do visit Lake Biwa. Ornithologists will recognise birds well-known in

Biwa-See
Partner Lebendige Seen

Entstehung
Alter
Größe
Länge, Breite
Wassermenge
Größte Tiefe
Meereshöhe
Einzugsgebiet
Zahl der Zuflüsse
Größte Zuflüsse
Abfluss
Salzgehalt
Niederschläge pro Jahr

Mittlere Jahrestemperatur Luft
Zugefroren
Staat
Vegetation am Ufer

Pflanzen und Tiere im Wasser

Umwelterziehung im Biwa-Museum: Jugend erlebt Natur in Wassertropfen.

Environmental education in the Lake Biwa Museum – Young people discover nature in drops of water.

Educación ambiental en el Museo del Lago Biwa: jóvenes descubren la naturaleza en una gota de agua.

Partner Lebendige Seen:

Living Lakes partner:

Asociado de Lagos Vivos:

International Lake
Environment Committee
Foundation, ILEC
tektonisch
4 – 5 Mio. Jahre
674 km²
63 km, 23 km
27,5 km³
104 m
84 m über NN
3.174 km²
460
Echi, Hino, Ane, Yasu, Ado
1 (Seta)
Süßwasser
ca. 1600 mm im Süden, über 3000 mm im Norden
ca. 15 ° C
nie
Shiga Präfektur in Japan
Große Zahl von Pflanzen der gemäßigten Klimazone im Einzugsgebiet. In den Bergwäldern Sekundärwald (Pinien, Zedern, Zypressen und verschiedene Kräuter) über 1000 Arten, davon 57 endemisch

Perlen in der Kleinen Perlmuschel gedeihen nur in sehr sauberem Wasser.

Pearls in pearl oyster prospers in very clean water only.

Perlas dentro de una concha del Lago Biwa.

Europe, e. g. red-necked grebe (Podiceps grisegena), goosander (Mergus merganser), whooper swan (Cygnus cygnus), and gadwall (Anas strepera).

Gran variedad natural

Debido a su antigüedad en el lago Biwa se han desarrollado un número relativamente elevado de especies endémicas de plantas y animales. Se trata de especies o subespecies que sólo existen en el lago Biwa y en ninguna otra parte más. De las aproximadamente 1.100 especies que viven aquí en total, 57 especies son endémicas, entre ellas 12 especies de peces. A las especies endémicas pertenece también la pequeña ostra perlífera. Los peces del lago fueron, junto con la agricultura, una de las bases de la economía humana. Todos los peces emprenden migraciones de desove desde las zonas más profundas del lago hacia las orillas, o bien remontando los ríos hasta las montañas, ya que muchos de ellos necesitan durante la mayor parte del año el agua fría de las profundidades del lago y, para desovar, las zonas cálidas de la orilla o el agua fría y los bancos de grava de las montañas.

Algunos peces procedentes de Norteamérica, como las percas tornasol, las perca-truchas y los bluegills, que fueron introducidos artificialmente en el lago Biwa, han originado situaciones problemáticas. En un primer momento se había pensado enriquecer con ellos la fauna y aprovechar además especies atractivas. Pero a los peces importados les gusta alimentarse con los huevos y los peces jóvenes de las especies autóctonas, con lo que el rendimiento general sufrió un retroceso.

Sólo unas pocas especies de aves acuáticas crían en el lago Biwa, por ejemplo el zampullín chico, el avetorillo de China (que se parece al avetorillo europeo), la garzeta común, la garza real y, como única especie de pato, el pato pico amarillo asiatico. Muchas otras especies de aves migratorias llegan al lago Biwa. Entre ellos se encuentran buenos conocidos de los ornitólogos europeos como el Somormujo cuellirrojo, la serreta grande, el cisne cantor y el ánade friso.

Alte Techniken hatten lange Bestand

Wie alle fischreichen Gewässer der Erde war auch der Biwa-See schon vor langer Zeit für Menschen attraktiv. Obwohl archäologische Funde erst aus der Zeit vor 8.000 Jahren stammen, haben Jäger und

Sammler vermutlich schon vor 20.000 Jahren am Biwa-See gelebt. Vor 2.000 Jahren begannen sie, Reis anzubauen und Fische in größeren Mengen zu fangen. Die damals entwickelten Techniken wurden bis ins 20. Jahrhundert beibehalten.

Handed-down techniques

Even in early times, Lake Biwa must have attracted the "hunter and gatherer," as did all waters where fishing is good. Archaeological finds go back just 8,000 years, yet people had probably settled around the shores 20,000 years ago. Some 2,000 years ago our ancestors began to sow rice and catch fish in large quantities. Old techniques were retained well into the 20th century.

Técnicas antiguas perdurables

Como todas las aguas del mundo ricas en peces, también el lago Biwa resulta atractivo para los seres humanos desde hace ya mucho tiempo. Si bien los hallazgos arqueológicos datan apenas de hace 8.000 años, se estima que hace ya 20.000 años vivían cazadores y recolectores en el lago Biwa. Hace 2.000 años empezaron a cultivar arroz y a pescar peces en mayor cantidad. Las técnicas desarrolladas entonces se mantuvieron hasta el siglo XX.

Explosives Wachstum

Vor dem zweiten Weltkrieg waren große Teile um den Biwa-See ländlich geprägt. Die meisten Menschen lebten von Landwirtschaft und Fischfang. Sie wuschen sich und ihre Kleidung im See. Das änderte sich von 1960 an dramatisch. In den letzten 30 Jahren nahm die Bevölkerung von weniger als 900.000 auf mehr als 1,28 Millionen (im Jahre 1995) zu. Gleichzeitig wuchs der Wert der industriellen Produktion von nahezu Null auf 54 Milliarden Dollar in 1995. Mit diesem explosiven Wachstum änderte sich auch der Lebensstil der Men- schen von einer bäuerlichen zu einer Industrie- und Dienstleistungsgesellschaft.

Mit der Zunahme der Bevölkerung und den Flächenansprüchen von Industrie und Gewerbe wurde der zur Verfügung stehende Raum immer enger. Wie anderswo auch, wurden Feuchtgebiete ent-

Lake Biwa

Living Lakes partner

Origin
Age
Size
Length/width
Water volume
Greatest depth
Altitude of water surface
Catchment area
No. of inflowing rivers and
          water courses
Largest in-flow
Out-flow
Salt content
Mean precipitation

Mean air temperature
Frozen over
Country
Vegetation

Water plants, birds, animals

International Lake
Environment Committee
Foundation, ILEC
tectonic
4 – 5 mil. years
674 sq. km
63 km/23 km
27,5 km³
104 m
84 m
3,174 sq. km

460
Echi, Hino, Ane, Yasu, Ado
1 (Seta river)
freshwater
about 1600 mm in the south
over 3000 mm in the north
approx. 15 ° C
no freezing
Japan (Shiga prefecture)
A wide variety of temperate climate vegetation thrives in the watershed. The mountain forests are characteristically composed of secondary pine, cedar, cypress and various herbaceous plants
over 1000 species, 57 endemic

Links oben: Schilf ist ein wichtiger Rohstoff am Biwa-See. Es wird von der einheimischen Bevölkerung in traditioneller Weise verarbeitet.

Left above: Reed is an important raw material at Lake Biwa. It is used by local people for traditional handcraft.

Izquierda arriba: El carrizo, un recurso importante para la población local.

Link unten: Seen müssen für die Jugend lebendig bleiben.

Left below: We must preserve lakes for the young generations.

Izquierda abajo: Hay que preservar los lagos para los jóvenes.

Zwergtaucher brüten am Biwa-See.

Little grebes brede at lake Biwa.

El zampullín chico común saca sus pollos en el Lago Biwa.

wässert, kleine Seen und flache Teile des Biwa-Sees mit Boden aufgefüllt. Wie am Bodensee waren die Politiker von dieser Art der Landgewinnung begeistert. Man hatte nur dieses Ziel im Auge, ohne die Nebenwirkungen zu beachten, wie die Zerstörung der Laichgründe für Fische und der Brutgebiete für Vögel und viele andere Tiere.

Explosive growth

Before "The Second World War" the Lake Biwa region was chiefly agricultural, the locals engaged in farming or fishing. They washed themselves and their clothes in the lake. In the 1960s everything changed dramatically. Within the last 30 years the population increased from 900,000 to over 1.28 million (as in 1995). The value of industrial products rose from virtually zero to 54 billion US dollars as in 1995. On account of this, the peasant-like lifestyle quickly developed into one devoted to industry, business, and service.

Population, trade and industry grew, and land became scarce. Boggy ground was drained, and small lakes as well as parts of the Biwa were filled in. Land reclamation is not only popular with Japanese politicians, it is the "done thing" elsewhere. Even at Lake Constance! Of course, at that time, nobody foresaw the side-effects. Tampering with nature wrecks spawning zones, birds' nesting areas, and shoos off other animals, too.

Crecimiento explosivo

Antes de la segunda guerra mundial las grandes zonas circundantes del lago Biwa se caracterizaban por la agricultura. La mayor parte de las personas vivía de la agricultura y la pesca. Efectuaban su aseo personal y lavaban sus ropas en el lago. Este orden de cosas experimentó un cambio dramático a partir de 1960. En los últimos 30 años la población aumentó de menos de 900.000 a más de 1,28 millones de habitantes (en 1995). Al mismo tiempo, el valor de la producción industrial aumen-

Lago Biwa
Asociado Lagos Vivos

Origen
Antigüedad
Extensión
Longitud, anchura
Volumen de agua
Profundidad máxima
Altitud sobre el nivel del mar
Cuenca
Numero de afluentes
Afluentes mayores
Número de desagües
Salinidad
Precipitaciones

Temperatura ambiental media a
Totalmente congelado
Estado
Vegetación en la orilla

Plantas y animales en el agua

Mayor problema

tó desde casi cero hasta 54 miles de millones de dólares en 1995. Este explosivo crecimiento transformó también el estilo de vida de los seres humanos, que experimentó el tránsito de una sociedad agrícola a una sociedad industrial y de servicios.

El espacio disponible se fue estrechando cada vez más con el aumento de la población y las exigencias de terrenos por parte de la industria y el comercio. Al igual que en otras partes, se desecaron zonas húmedas y se rellenaron con tierra partes pequeñas y de escasa profundidad del lago Biwa. Al igual que en el lago Constanza, los políticos estaban entusiasmados con esta forma de ganar terreno. Sólo se tenía en cuenta ese objetivo, sin atender a efectos secundarios como la destrucción de los fondos de desove para peces y de los territorios de cría para las aves y muchos otros animales.

Überdüngung und Vergiftung

Mit der Entwicklung zu einer industriellen Gesellschaft und zu intensiv wirtschaftenden Landwirten wurde in den Biwa-See immer mehr Wasser geleitet, das mit Stickstoff, Phosphor, Pestiziden und anderen Stoffen belastet war.

Verschärft wurde diese Situation durch den Verlust natürlicher Ufer und von Feuchtgebieten, die bei ausreichender Größe wie riesige Kläranlagen wirken.

In den 70er Jahren begannen die Behörden gegen die Überdüngung und Schadstoffbelastung anzugehen mit verbesserter Klärung der Abwässer, dem Ersatz des Phosphats in Waschmitteln und der Verminderung von Dünger bei der Landbewirtschaftung. 1986 stellten die Behörden Ziele für die Verminderung der Umweltbelastung auf, doch gingen diese Vorgaben nicht weit genug, denn die kommerziellen Erträge des Fischfangs nahmen weiter dramatisch ab. 1992 wurde die weitere Zerstörung von Feuchtgebieten in den Uferregionen verboten, und die Regierung erklärte den Biwa-See zum Ramsar-Gebiet, womit die internationale Verpflichtung einhergeht, Schutzgebiete am Ufer des Sees einzurichten. Bei der großen Zahl von Menschen, die am Biwa-See Erholung suchen, ist das zwingend geboten.

Over-fertilisation and contamination

Owing to industrialisation and to modern-day farming, chemicals of various forms seep into Lake Biwa, including nitrogen, phosphor, and a number of pesticides.

The predicament is aggravated, more than necessary, through the loss of natural shores and wetlands. These, if sufficiently large, function as a giant sewage filter.

"Nishinoko" ist das größte Feuchtgebiet am Biwa-See.

"Nishinoko" is the largest wetland at Lake Biwa.

"Nishinoko" es el humedal más grande en el entorno del Lago Biwa.

91

Der Zwergtaucher brütet auf dem Biwa-See. Sein erstes Junges ist geschlüpft.

The Little Grebe breeds on the Biwa lake. Its first chick has just hatched.

El zampullín chico cría en el lago Biwa. El primer pollo acaba de salir del cascarón.

International Lake
Environment Committee
Foundation, ILEC
Tectónico
4 – 5 millones años
674 km²
63 km, 23 km
27, 5 km³
104 m
84 m
3.174 km²
> 460
Echi, Hino, Ano, Yasu, Ado
1 (rio Seta)
Agua dulce
1.600 mm en el sur hasta 3.000 mm en el norte
15 C°
nunca
Prefectura de Shiga en Japón
Gran variedad de vegetación de clima templado. Bosque segundario en las montañas con pinos, cedros, cipreses y diferentes especies de herbáceas
más de 1.000 especies, 57 de ellas son endémicas.
Eutrofización

Auf dem Modell einer riesigen sich drehenden Weltkugel können die Besucher im Biwa-Museum die Bedeutung des Wassers für unsere Erde erkennen.

On the huge turning model of our globe the visitors of Lake Biwa museum can understand the importance of water for our planet.

Un globo gigante en el Museo del Lago Biwa demuestra la importancia del agua para nuestra tierra.

In the 1970s the Japanese took measures to reduce over-fertilisation and contamination. Phosphates in washing-powders, etc. were replaced. Then, in 1986 the government forged plans to tackle the pollution of the environment, but these proved to be half-hearted – as fishing yields, for example, sank dramatically. Nevertheless, from 1992, a law prohibited further destruction of wet areas around the lake. In the meantime, Lake Biwa has become a Ramsar site, whereby the authorities are bound by international law to lay on nature reserves, and other protected areas. An imperative move – also in view of the many, many recreationists who flock to Lake Biwa each year.

Fertilización excesiva y contaminación

Con la evolución hacia una sociedad industrial y una agricultura que practicaba el cultivo intensivo cada vez se vertía al lago más agua cargada con nitrógeno, fósforo, pesticidas y otras sustancias nocivas.

Esta situación se vio agravada por la pérdida de las orillas naturales y de las zonas húmedas, que cuando son lo suficientemente grandes cumplen el papel de enormes depuradoras.

En los años 70 las autoridades empezaron a atacar la fertilización excesiva y la contaminación mejorando la depuración de las aguas residuales, eliminando los fosfatos de los detergentes y reduciendo la cantidad de fertilizantes empleados en la agricultura. En 1986 las autoridades fijaron una serie de objetivos para la reducción de la contaminación ambiental, pero estos propósitos no llegaron muy lejos, ya que el rendimiento comercial de la pesca prosiguió su dramática caída. En 1992 se prohibió la continuación de la destrucción de zonas húmedas en las orillas y el gobierno declaró la inclusión del lago Biwa en el Convenio de Ramsar, lo que presupone la obligación internacional de crear zonas de protección natural en las orillas. Esta medida se hace necesaria con urgencia debido a la gran cantidad de personas que buscan ahí su área de esparcimiento.

St. Lucia-See *Lake St. Lucia*

Lago Sta. Lucia

Eine Landschaft mit vielen Gesichtern – Weltnaturlandschaft St. Lucia

Der 2. Dezember 1999 war ein großer Tag für Südafrika und die ganze Welt, denn an diesem Tag hat die UNESCO den Greater St. Lucia Wetland Park als Weltnaturlandschaft anerkannt. Die Experten der Weltorganisation honorierten damit den großen Reichtum dieser Landschaft an natürlichen Lebensräumen mit ihren Pflanzen und Tieren und das große Engagement Südafrikas und seiner Region KwaZulu/Natal, dieses Naturparadies zu erhalten. Wäre der St. Lucia Park nicht schon 1895 unter Schutz gestellt worden, würden dort heute ebenso langweilige Eukalyptus-Wälder und Zuckerrohrplantagen das Landschaftsbild bestimmen wie in den angrenzenden Gebieten.

Die Teile des Greater St. Lucia Wetland Parks könnten kaum gegensätzlicher sein: Korallenriffe im Indischen Ozean, Sandstrand mit Brutplätzen der Lederrückenschildkröte, die mit 180 Metern höchsten bewaldeten Dünen der Welt, ein riesiger flacher See, dessen Wassermenge und Salzgehalt ständig wechseln, große Sümpfe mit Papyrus, Schilf und Wasserlilien und schließlich eine Trockensavanne mit großen Säugetieren und Termitenbauten.

In dem Schutzgebiet gibt es mehr Pflanzen- und Tierarten als im Krüger-Park und im Okawango-Delta zusammen. Bisher hat man alleine auf den Dünen im St. Lucia-Park 230 Baum- und Straucharten festgestellt, 50 Frosch- und 530 Vogelarten. Das sind so viele Vogelarten, wie in ganz Europa leben, das mit 10 Millionen Quadratkilometern viertausendmal größer ist als der St. Lucia-Park. Von mitteleuropäischen Brutvögeln überwintern Weißstörche, Pirole und Rauchschwalben im St. Lucia-Park. Daneben gibt es hier viele uns vertraute Vogelarten, die hier brüten, z.B. Purpurreiher, Graureiher und Kormorane.

A rich landscape – World Heritage Site St. Lucia

December 2nd, 1999, was a great day for South Africa and the whole planet, for on this day UNESCO recognised the Greater St. Lucia Wetland Park as a world heritage. Officials and experts thus paid tribute to the richness of the natural surroundings, to the animals and plants, and to South Africa's, especially Natal's, outstanding engagement in preserving the area. Had this district not been protected in 1895, masses of drab eucalyptus trees would have been planted, or sugar cane plantations set up, as in the adjacent areas.

94/95

Sumpflandschaft am St. Lucia-See.

Swampland at Lake St Lucia.

Zonas húmedas del Lago St. Lucia.

Links: Besucher werden in traditionellen Zuluhütten mit den örtlichen Bräuchen vertraut gemacht.

Left: Zulus invite tourists to visit their traditional dwellings and inform them of old customs.

Izquierda: Los zulús invitan a los turistas a visitar sus cabañas tradicionales y a conocer sus costumbres.

Partner Lebendige Seen:

Living Lakes partner:

Asociado de Lagos Vivos:

Oben: Elefanten können in Südafrika nur in großen Schutzgebieten überleben.

Above: *In South-Africa elephants only survive in large nature reserves.*

Arriba: En Sudáfrica, los elefantes sólo pueden sobrevivir en grandes

WILDERNESS FOUNDATION

This park is full of contrasts: coral reefs along the Indian Ocean; sandy beaches where the leatherback turtle (Dermochelys coriacea) lays its eggs; wooded dunes, 18 metres high (world record!); a huge shallow lake, the salt content of which changes frequently; giant swamps featuring papyrus, reeds and water lilies; and, last but not least – a dry savannah complete with large mammals and termite hills.

Interestingly, St. Lucia shelters more plant and animal species than does the Krüger Park and the Okawango Delta together! Within the dunes alone, St. Lucia's personnel have counted 230 different species of tree and shrub, 50 batrachian (frog) and 530 avian species. The whole of Europe boasts a similar number of bird species, although Europe is four thousand times larger than St. Lucia. Of the European nesters, the white stork (Ciconia ciconia), the golden oriole (Oriolus oriolus), and the familiar barn swallow (Hirundo rustica) winter in St. Lucia. Other birds that are seen in Europe can also breed in South Africa, such as the purple heron (Ardea purpurea), grey heron (Ardea cinerea), and the cormorant (Phalacrocorax carbo).

Una región con muchas facetas – Reserva natural de la biosfera

El 2 de Diciembre de 1999 fue un gran día para Sudáfrica y para todo el planeta, ya que ese día la UNESCO declaró el parque Greater St. Lucia Wetland Park Reserva Natural de la Biosfera. Los expertos de esta organización internacional distinguían así la gran riqueza de esta región en hábitats naturales con sus vegetación y fauna, así como el gran compromiso de Sudáfrica y de su territorio KwaZulu/Natal de preservar este paraíso natural. Si el Parque Sta. Lucia no hubiera sido protegido ya en 1895, hoy en día el paisaje de este espacio natural estaría condicionado por monótonos bosques de eucaliptos y plantaciones de caña de azúcar, tal como ocurre en las zonas limítrofes.

St. Lucia-See

Partner Lebendige Seen
Entstehung
Alter
Größe
Länge
Größe Schutzgebiet
Wassermenge
Größte Tiefe
Meereshöhe

Einzugsgebiet
Zahl der Zuflüsse
Größter Zufluss
Abfluss
Salzgehalt

Niederschläge pro Jahr
Mittlere Jahrestemperatur Luft
Zugefroren
Staat

Vegetation Einzugsgebiet

Fische
Reptilien
Brütende Vögel
Wasservögel max.
Säugetiere
Größtes Problem
Größter Erfolg

Las zonas del Greater St. Lucia Wetland Park no podrían ser más diferentes: archipiélagos de coral en el Océano Indico, playas arenosas con zonas de puesta de la tortuga laúd, las dunas boscosas más altas del mundo con sus 180 metros; un lago somero enorme, cuya cantidad de agua y concentración de sal varían constantemente; grandes pantanos con papiros, cañas y lirios de agua y, por último, una sabana seca con mamíferos y nidos de termitas.

En la zona protegida hay más especies de plantas y animales que en el Parque Krüger y el Delta del Okawango juntos. Hasta ahora se han determinado, tan sólo sobre las dunas del Parque Sta. Lucia, 230 especies de árboles y arbustos, 50 especies de ranas y 530 especies de aves. Este número de especies de aves es equiparable al que habita en toda Europa, que con sus 10 millones de kilómetros cuadrados es cuatro mil veces más grande que el Parque Sta. Lucia. Entre las aves que anidan en Centroeuropa, invernan aquí la cigüeña común, la oropéndola y la golondrina común. Junto a éstas hay, además, muchas especies que nos son familiares y que crían aquí como, por ejemplo, la garza imperial, la garza real y los cormoranes.

Schreiseeadler

Zu den prächtigsten Brutvögeln am St. Lucia-See gehören die 50 Paare des Schreiseeadlers. Ein Paar dieser Art braucht zum Jagen nur 300 bis 600 Meter Uferlinie oder 3 bis 15 Hektar Wasserfläche. Das setzt ein reiches Angebot an Fischen voraus, denn das sind seine Beutetiere. Sie wiegen in der Regel 200 bis 1000 Gramm, mitunter sind sie bis über vier Kilogramm schwer. Die kann er dann trotz seiner Flügelspannweite von 190 Zentimetern nicht aus dem Wasser ziehen. Er schleppt sie mit den Flügeln auf dem Wasser „rudernd" an Land.

Fish eagle

The park also "accommodates" 50 pairs of the magnificent fish eagle (Haliaetus vocifer). For hunting, each pair needs 300 to 600 metres of shoreline or 3 to 15 hectares of water area. Their prey is fish, so fish must be in great abundance if the eagles are to survive. Fish weigh anything between 200 and 1000 gramme, some even up to four kilos. Despite a wingspan of 190 cm, these birds have difficulty handling the big ones. A heavy fish is "rowed" ashore, the eagle using both wings as oars.

Schreiseeadler gehören zu den großen Attraktionen des St. Lucia-Sees.

Fish eagles are one of the top attractions at Lake St Lucia.

El águila marina es una de las atracciones de St. Lucia.

The Wilderness Foundation
Absinken des Meeresspiegels
18.000 bis 25.000 Jahre
350 km^2
40 km + 20 km Gezeitenkanal
2.550 km^2
525 km^3
5 m
0,5 m zur Regenzeit,
– 0,4 m bei Trockenheit
14.860 km²
5
Nyalazi-Fluss
Ästuar im Indischen Ozean
0 bis 70 g/l, abhängig von
Zuflussmenge und Gezeiten
1.037 mm (700 – 1.200)
22° C
niemals
Provinz KwaZulu/Natal in
Südafrika
Höchste mit Wald bewachsene
Dünen der Welt, Grasland,
Sümpfe, Riede mit
Papyrus-Dschungel,
Buschland, Savanne
991 Arten
1.000 Nilkrokodile > 1 m
530 Arten
60.000 Flamingos
800 Flusspferde
Drainage der Mfolozi-Sümpfe
Anerkennung als Weltnaturerbe im Dezember 1999

Im St. Lucia-Gebiet leben
800 Flusspferde.

*In the Greater St Lucia Wetland
Park live about 800 hippopotami.*

En St. Lucia viven 800 hipopótamos.

Águila marina

Las 50 parejas de águila marina se encuentran entre las aves más espectaculares que crían en el lago Sta. Lucía. Una pareja de esta especie necesita sólo entre 300 y 600 metros de orilla y entre 3 y 15 hectáreas de superficie acuática. Esto representa una abundante oferta de peces, que constituyen su dieta. Por regla general estos peces pesan de 200 a 1000 gramos, pero de vez en cuando aparecen algunos ejemplares de más de cuatro kilos. En ese caso el águila, que no los puede sacar del agua pese a su gran envergadura de 190 centímetros, los arrastra hasta tierra firme "remando" con las alas.

Krokodile, Flusspferde und Haie

Geschichtenerzähler geben zum Besten, dass man in dem kanalartigen Abfluss des St. Lucia-Sees "wählen" könne, ob man von einem Krokodil oder Hai gefressen oder von einem Flusspferd über den Haufen gerannt werden will. Dabei meint der Erzähler, dies sei etwas ganz Besonderes, weil Nilkrokodile und Flusspferde nur in Süß- und Haie nur in Salzwasser lebten. Für Nilkrokodile und Flusspferde trifft das nicht zu. Sie können auch im Meer weite Strecken zurücklegen, ohne Schaden zu nehmen, und im St. Lucia-See sind Teile des Wassers süß und andere salzig. Salzig sind das Meerwasser, das bei Flut in die kanalartige Mündung des Sees fließt, und Ablagerungen in Flussmündungen.

Flusspferde fressen bei Nacht an Land Pflanzen. Wie alle Vegetarier unter den Tieren produzieren sie große Mengen Kot, die auch ins Wasser abgegeben werden und damit das Wachstum der Algen fördern, die wiederum die Basis der Nahrung von Muscheln, Krebsen, Schnecken, kleinen Fischen und Flamingos sind. Die kleineren Fische werden wiederum von kleinen Krokodilen, Seeschwalben und großen Fischen verzehrt. Kleine Flusspferde werden gelegentlich die Beute von großen Krokodilen und große Flusspferde, die bei Kämpfen zwischen Bullen zu Tode gekommen sind, werden ebenfalls von Krokodilen gerne als Nahrung genommen.

Sowohl Flusspferde als auch Nilkrokodile leben heute nur noch in kleinen Teilen ihres früheren Lebensraums in Afrika, weil sie seit der Kolonisierung rücksichtslos verfolgt wurden. Umso erfreulicher sind die Bestände im St. Lucia-Park. Hier leben ungefähr 800 Flusspferde und 1.000 über einen Meter lange Nilkrokodile.

Lake St. Lucia

Living Lakes partner
Origin
Age
Size
Length

Protected area
Water volume
Greatest depth
Sea level

Catchment area
Rivers
Largest in-flow
Out-flow
Salt content

Precipitation
Mean air temperature
Frozen over
Country

Vegetation

Fish
Reptiles
Nesting birds
Water birds (max.)
Biggest problem
Greatest success

Von Ausflugsschiffen lassen sich die bis zu 6 Meter langen Krokodile gut beobachten.

Excursion boats offer an excellent opportunity to watch crocodiles that can reach 6 metres in length.

Desde los barcos se pueden observar comodamente los cocodrilos, algunos miden hasta seis metros.

Crocodiles, hippos, sharks

Wags say: In Lake Lucia's out-flow stream visitors have the "choice" between being crunched by a crocodile, cut in half by a shark, or crushed by hippopotami. A story with a point – since it is believed that Nile crocs and hippos live in fresh, sharks in salt water. Actually, Nile crocodiles and hippopotami can cope with salt water, and, without disadvantage, manoeuvre long distances in that element. Lake St. Lucia's waters are partly salty, and partly fresh. Seawater enters during high tide, and salt deposits lie in the estuaries.

When darkness falls, hippos munch plants ashore. Vegetarians produce heaps of dung, benefiting algae and other plants. In turn, crustaceans, snails, fish, and flamingos depend on these plants. Small fry are titbits for baby crocodiles, terns (birds), and bigger fish. Young hippos can fall prey to crocodiles. They also dispose of hippopotamus bulls that die in a fight with their rivals.

The range of hippos and Nile crocs is now relatively small. Colonialists nearly wiped them out. Fortunately, some 800 hippopotami and over 1,000 Nile crocodiles (longer than one metre) have found a home in the St. Lucia park.

Cocodrilos, hipopótamos y tiburones

Algunos narradores de relatos bromean sobre el hecho de que en el desagüe canalizado del lago Sta. Lucia se pudiera "elegir" entre ser devorado por un cocodrilo o por un tiburón, o bien atropellado por un hipopótamo. Con ello, el narrador pretende llamar la atención sobre la peculiaridad de esta circunstancia, ya que los cocodrilos del Nilo y los hipopótamos sólo viven en agua dulce, mientras los tiburones lo hacen en agua salada. Esto no es del todo correcto en lo que se refiere a los cocodrilos del Nilo y a los hipopótamos. Éstos también pueden surcar largos recorridos por el mar sin dificultades, y en el lago St. Lucia hay partes de agua salada y otras de agua dulce. Es salada el agua de mar que fluye con marea alta hacia la desembocadura canalizada del lago y también lo son los depósitos que se forman en las desembocaduras de los ríos.

Los hipopótamos comen plantas de noche en tierra firme. Como todas las especies animales vegetarianas, producen grandes cantidades de excrementos, que van a parar al agua y que fomentan el crecimiento de las algas, las cuales a su vez constituyen la fuente de alimentación de moluscos, cangrejos, caracoles, peces pequeños y flamencos. Los peces pequeños son devorados a su vez por cocodrilos, go-

The Wilderness Foundation
sinking sea level
18,000 to 25,000 years
350 sq. metres
40 km, plus 20 km tidal channel
2,550 sq. km
525 cubic km
5 m
+ .5 m (wet period), – .4 m (dry period)
14,860 sq. km
5
Nyalazi river
estuary (Indian ocean)
0 to 70 g/litre, depending on in-flow and tides
1,037 mm (700–1,200) p.a.
22°C
never
South Africa/KwaZulu, Province, Natal
world's highest wooded dunes, grassland, swamps, reedbeds, papyrus jungle, bushland, savannah
991 species
1,000 Nile crocodiles > 1m
530 species
60,000 flamingos
Drainage of Mfolozi swamps
Recognition as UNESCO "World Heritage Site" Dec. 1999

londrinas marinas y peces grandes. Los hipopótamos jóvenes son presa ocasionalmente de grandes cocodrilos, y los hipopótamos adultos muertos en las luchas entre machos, terminan como alimento de los cocodrilos.

Tanto los hipopótamos como los cocodrilos del Nilo habitan en la actualidad sólo en pequeñas zonas de su antiguo hábitat de Africa, ya que desde la colonización fueron despiadadamente perseguidos. En el parque Sta. Lucía, por el contrario, estas especies presentan unas poblaciones muy satisfactorias. Aquí viven aproximadamente unos 800 hipopótamos y unos 1.000 cocodrilos, cuya longitud supera el metro.

Unzerstörte, mit Wald bewachsene Dünen am St. Lucia-See (oben). Ihnen drohte bis Ende der 90er Jahre die Zerstörung durch den Abbau seltener Erden wie wenige km weiter südlich in Richard's Bay (rechts).

Intact forested dunes at Lake St Lucia. They were threatened by ore mining as in Richards's Bay, a few km south.

Dunas cubiertas de bosque en el límite de St. Lucia con el Oceano Indico (arriba). Hasta finales de los años 90 estaba prevista la extracción de minerales. Oestrucción, tal y como ocurrió en Richards Bay, al sur de St. Lucia (derecha).

Lockendes Titan

Seit längerem baut die Bergbaugesellschaft Richard's Bay Minerals Dünen außerhalb des Schutzgebietes ab, um aus dem Sand Titan, Ilmenit, Rutil, Zirkon und Eisenerze zu gewinnen. 1989 stellte die Gesellschaft den Antrag, im Schutzgebiet auf 18 Kilometer Länge und 1.400 Meter Breite die Dünen abbauen zu dürfen. Damit wäre der größte Teil der Dünen mit ihrem Urwald und ihren Tieren vernichtet worden. Da die Dünen einen großen Teil des Regens über Grundwasser und über Rinnen an den St. Lucia-See abgeben, wäre auch der See bedroht worden.

The "glitter" of precious metals

"Richard's Bay Minerals", a mining company, digs the dunes just outside the protection zone. The quarry: titanium, ilmenite, rutile, zircon, and iron ore. In 1989, the firm sought permission to mine within the park borders, a neck of land measuring 18 kilometres by 1,400 metres. A "green light" would have spelled doom for the park and animals. Rain-soaked dunes provide water – sub-soil and via gullies. The lake, therefore, was also threatened.

Titanio atrayente

Desde hace algún tiempo, la compañía minera Richard's Bay Minerals explota las dunas que se encuentran en las inmediaciones del área protegida para extraer de la arena titanio, ilmenita, rutilo, circonio y mena de hierro. En 1989 esta compañía presentó una solicitud para explotar las dunas en la zona protegida en una franja de 18 kilómetros de largo y 1.400 metros de anchura. Con ello se hubiera aniquilado la mayor parte de las dunas, junto con su vegetación y su fauna. Puesto que las dunas derivan una gran parte del agua de lluvia hacia el lago a través de las corrientes subterráneas y de las grietas del terreno, éste también hubiera estado amenazado.

Gegenoffensive der Naturschützer

Der dreiste Antrag der Richard's Bay Minerals, die zu dem weltweit tätigen Konzern Rio Tinto Zinc gehört, löste unter der Schirmherrschaft des Franziskanerordens von Assisi einen weltweiten Protest privater und amtlicher Naturschützer aus, maßgeblich vorangetrieben von Ulf Doerner, einem der Initiatoren von Lebendige Seen, der mit dem Global Nature Fund zusammen arbeitet. Auch die spanische Regie-

Lago Sta. Lucia

Asociado Lagos Vivos
Origen
Antigüedad
Extensión
Longitud

Extensión zona protegida
Cantidad de agua
Mayor profundidad
Altura sobre el nivel del mar

Superficie de la cuenca
Número de afluentes
Afluente mayor
Drenaje/desagüe
Concentración de sal

Precipitaciones anuales
Temperatura ambiental media anual
Congelado
Estado

Vegetación de la cuenca

Pesques
Reptiles

Aves anidando
Cifra máxima de aves acuáticas
Mamíferos
Mayor problema

Mayor éxito

Lebendige Ufer des St. Lucia-Sees.

Rich shore vegetation at Lake St Lucia.

Las orillas de St. Lucia están llenas de vida.

The Wilderness Foundation
Descenso del nivel del mar
De 25.000 a 18.00 años
350 km²
40 Km + 20 km de canal de mareas
2.550 km²
525 km³
5 m
0,5 en época de lluvias
-0,4 m en época seca
14.860 km²
5
Río Nyalazi
Estuario en el Océano Índico
De 0 a 70 g(l, dependiendo del volumen afluente y de las mareas
1.037 mm (700 – 1.200)
22 °C

Nunca
Provincia KwaZulu/Natal, en Sudáfrica
Las dunas boscosas más altas del mundo, praderas, pantanos, cañaveral con jungla de papiro, bosque bajo, sabana
991 especies
1.000 cocodrilos del Nilo > 1 m
530 especies
60.000 flamencos
800 hipopótamos
Desecación de los pantanos Mfolozi
Declaración de patrimonia mundial natural de la UNESCO

Ulf Doerner: Erfolgreicher Kämpfer für die Erhaltung des St. Lucia-Sees.

Ulf Doerner, a most successful German conservationist committed to the preservation of Lake St Lucia.

Ulf Doerner: luchador incansable en la defensa de St. Lucia.

rung schloss sich der Kampagne gegen die Vernichtung der Dünen an. Das internationale Echo zeigte der südafrikanischen Regierung, welch weltweit einmaliger Naturraum Teil ihres Staates ist. Sie lehnte den Antrag der Bergbaugesellschaft ab und stellte bei der UNESCO den Antrag auf Anerkennung des Greater St. Lucia Wetland Park als Weltnaturlandschaft. Wie eingangs berichtet, hat die UNESCO diesem Gesuch 1999 stattgegeben.

Counter offensive of the conservationists

"Richard's Bay Minerals" is an affiliate of "Rio Tinto Zinc", a global player. This brazen application evoked worldwide protest. Under the aegis of the Franciscan friars, official and private nature lovers expressed their condemnation.

Ulf Doerner, one of the initiators of "Living lakes," who works together with the Global Nature Fund, took an active part in this campaign. Even the Spanish government supported the cause. An echo that reverberated from all quarters shows how important this nature preserve is to people who care. The South African government rejected the mining application. Better still: South Africa requested UNESCO World Heritage recognition. An award that was granted in 1999.

Contraofensiva de los conservacionistas de la naturaleza

La desvergonzada pretensión de la Richard's Bay Minerals, que pertenece al consorcio mundial Río Tinto Cinc, desencadenó, bajo los auspicios de la orden franciscana, una protesta a nivel mundial de lo organismos públicos y organizaciones privadas de defensa de la naturaleza, impulsada de manera decisiva por Ulf Doerner, uno de los iniciadores de Lagos Vivos, que colabora con la Global Nature Fund. También el gobierno español se sumó a la campaña en contra de la destrucción de las dunas. El eco internacional hizo recaer al gobierno sudafricano en que una parte de su territorio estatal conformaba un espacio natural único en el mundo. En consecuencia, rechazó la demanda de la compañía minera y presentó ante la UNESCO la solicitud de declaración del Greater St. Lucia Wetland Park como Reserva Natural de la Biosfera. Tal como relatábamos al principio, la UNESCO accedió a esa petición en 1999.

Baikalsee *Lake Baikal*

Lago Baikal

See der Superlative

Der Baikalsee ist ein Gewässer der Superlative. Er ist der tiefste See der Welt und der siebentgrößte. Nur vom Kaspischen Meer wird er von der Menge des Wassers übertroffen. Verteilte man sein Wasser gleichmäßig über die Welt, wäre sie 20 Zentimeter hoch bedeckt. Da er mit seinen über 25 Millionen Jahren ein Methusalem unter den Seen ist und Pflanzen und Tiere von anderen Seen nur selten in den Baikalsee gelangen, haben sich hier viele Arten entwickelt, die es sonst nirgends auf der Welt gibt. Solche Arten nennen die Wissenschaftler endemisch oder Endemiten. Zu ihnen gehören die Baikalrobbe, die Fische Omul, Baikal-Stör und der Ölfisch Golomjanka sowie ein Winzling von ein bis zwei Millimeter Länge: der Epischura-Krebs.

The paragon of lakes

Here the epithet is "superlative." The Baikal is the world's seventh largest lake, and the deepest. In comparison, only the Caspian Sea contains more water. If the Baikal were spread evenly across our globe, the water's depth would be 20 cm. The Baikal is older a Methuselah among the lakes, over 25 million years old, and since animals and plants from other lakes rarely move there, many endemic species have evolved. To name just a few: Baikal seal; the fishes omul, Baikal sturgeon, and golomjanka, an oil fish; as well as the epichurae, tiny crustaceans measuring 2 mm in length.

Un lago de los superlativos

El lago Baikal es un lago de los superlativos. Es el más profundo del mundo y el séptimo en tamaño. Sólo es superado en volumen de agua por el mar Caspio. Si se distribuyeran sus aguas uniformemente sobre el planeta, éste quedaría cubierto por 20 cm de agua. Con sus más de 25 millones de años, el Baikal es el decano de los lagos y como las plantas y animales de otros lagos sólo llegan muy raramente al lago Baikal, se han desarrollado aquí muchas especies que no existen en ninguna otra parte del mundo. Los científicos llaman a estas especies endémicas. Entre ellas están la foca del Baikal, el pez omul, el esturión del Baikal y el pez oleoso golomjanka, así como un diminuto ejemplar de 1 ó 2 milímetros de longitud: el cangrejo epishura.

Blitzblankes Wasser

Berühmt ist der Baikalsee auch, weil er so sauber ist. Lässt man eine weiße Diskusscheibe an einer Leine ins Wasser, erkennt man sie noch in 30 bis 40 Meter Tiefe. Dafür gibt es mehrere Gründe: Sein Wasser enthält wenig Mineralsalze und hat einen hohen Gehalt an Sauerstoff bis in große Tiefen. Außerdem leben in ihm Epischura-Krebse, die das Wasser filtern. Das ist eine Herkulesarbeit, denn sie müssen dabei riesige Mengen mikroskopisch kleiner Algen verzehren, die im Schnitt pro Jahr 21 Tonnen Masse je Hektar produzieren. Damit übertreffen sie höchste Erträge auf Grünland-Schlägen unserer Landwirte um 6 Tonnen. Nicht erstaunlich also, wenn auch die Epischura-Krebse in schwer vorstellbaren Mengen auftreten: bis zu 3 Millionen unter einem Quadratmeter Seefläche.

Sparkling clear water

The Baikal is famous too for its clear waters. A white Frisbee disc, for example, is still visible at 30 to 40 m if lowered in on a string. This is due to the lake's low amount of mineral salts. The oxygen content extends to great

104/105

Felsen prägen die Ufer des Baikalsees.

Rocks characterise the Baikal shores.

La rocas enmarcan las orillas del Lago Baika.

Links: Gluckenten sind im Bestand bedroht. Sie werden zu stark bejagt.

Left: excessive hunting threatens the Baikal Seal population.

Izquierda: La cerceta del Baikal se encuentra en peligro por la caza excesiva.

Partner Lebendige Seen:

Living Lakes partner:

Asociado de Lagos Vivos:

Baikalrobben und viele andere Tiere des Baikalsees brauchen unsere Hilfe.

The Baikal seal and many other animal species need our help.

La foca del Baikal y muchos otros animales necesitan nuestra ayuda.

depths, and the epichurae (minute crustaceans) diligently filter the water. A Herculean task; for algae in huge amounts has to be devoured – plants that produce some 21 tonnes of mass per hectare each year. Put into perspective, this surpasses by 6 tonnes the pastures mowed by all our farmers lumped together. That epichurae appear in overwhelming numbers, i.e. up to three million per square metre, can now no longer be surprising!

Aguas cristalinas

El lago Baikal es también conocido por la pureza de sus aguas. Si se sumerge en el agua un disco blanco atado a una cuerda, resulta visible incluso a 30 – 40 metros de profundidad. Hay varias razones para ello: sus aguas tienen poco contenido en sales minerales y poseen un elevado contenido de oxígeno, incluso a gran profundidad. Además, en él viven los cangrejos epishuras, que filtran el agua. Se trata de una tarea hercúlea, porque para ello deben devorar enormes cantidades de algas de tamaño microscópico, que anualmente generan una masa de un promedio de 21 toneladas por hectárea. Con ello supera en 6 toneladas los más altos rendimientos de los pastizales de nuestros agricultores. No es sorprendente, por tanto, que los cangrejos epishura se encuentren en proporciones difícilmente imaginables: hasta 3 millones en un metro cuadrado de superficie lacustre.

Die Baikalrobbe – Liebling der Menschen

Wie alle Robben ist auch die Baikalrobbe ein Liebling naturverbundener Menschen. Massensterben wie im Jahr 1987 lösen eine Welle von Mitleid aus, und die Jagd auf diese Tiere stößt in der westlichen Welt auf breite Ablehnung. Ohne die Einnahmen aus der Robbenjagd fiele jedoch für viele

Menschen eine ihrer Lebensgrundlagen weg. Was tun? So wie früher müssen die Robben regelmäßig gezählt werden. Darüber hinaus sollten die Jäger dafür gewonnen werden, junge Robben von der Jagd zu verschonen und illegale Jagd zu verhindern.

Baikal seal – everybody's darling

The Baikal seal is every animal lover's favourite, as is the case with all seals. In the West, culling meets with strong disapproval, so, understandably, there was a wave of pity when masses of seal died in 1987. Seal hunting, on the other hand, is many people's only source of income. What is the answer? Re-introducing regular counting makes sense. And hunters must be persuaded to spare the cubs, and stop the poachers.

La foca del Baikal – querido por los seres humanos

Como todas las focas, también la foca del Baikal es muy apreciada por las personas concienciadas en la defensa de la naturaleza. Las matanzas masivas como las sucedidas en el año 1987 desencadenan oleadas de compasión y la caza de estos animales es ampliamente rechazada en el mundo occidental. Sin embargo, sin los ingresos procedentes de la caza de focas se acabaría

Baikalsee
Partner Lebendige Seen

Entstehung
Alter
Größe

Länge, Breite
Wassermenge

Größte Tiefe

Sedimenthöhe im See
Meereshöhe
Einzugsgebiet
Zahl der Zuflüsse
Größter Zufluss
Zahl der Abflüsse
Niederschläge

Mittlere Lufttemperatur
Vollständig zugefroren
Staat
Vegetation Einzugsgebiet

Zahl der Arten im See

Fische
Brütende Vögel
Wasservögel max.
Einwohner am See

Größtes Problem

Oben: Fischer beim Fang von Bisam.

Above: Fishermen catching muskrats.

Arriba: Pescadores cazando la rata almizclera.

Links: Sibirische Trollblume.

Left: Siberian globe-flower.

Izquierda: La Canólich de Siberia.

Partner Lebendige Seen:

Living Lakes partner:

Asociado de Lagos Vivos

FIRN und Baikal Institute of Nature Management
Tektonik
mindestens 25 Mio. Jahre
31.500 km^2
siebentgrößter See der Welt
636 km, 79 km
23.600 km^3, zweitgrößte Wassermenge aller Seen weltweit
1.637 m
tiefster See der Welt
7.000 m
445 m
571.000 km^2
544 Bäche und Flüsse
Selenga
1 (Angara)
300 – 400 mm im Schnitt (200 – 1.400 mm)
-0,6°C (-24,6° bis +14,4°C)
jedes Jahr im Januar
Russland
Steppe, Gebirgssteppe und Taiga
2.600, davon endemisch 60 % der Tierarten, 15 % der Pflanzenarten
53 Arten, davon 27 endemisch
261 Arten
4 – 5 Mio. im Selenga-Delta
1 Mio. (3,8 Mio. in der Region)
Wasserverschmutzung

Volksfest vor einem Tempel.

Public festival near to a temple.

Fiesta popular delante de un templo.

para muchas personas una de las bases de su economía. ¿Qué hacer? Se deben hacer recuentos regulares como antes. Además, se está tratando de convencer a los cazadores para que respeten a las focas jóvenes e impedir la caza furtiva.

Transsibirische Eisenbahn verursachte viele Probleme

Das Land um den Baikalsee wird seit Jahrtausenden von Menschen besiedelt, ohne dass dabei Probleme entstanden sind. Die traten erst Anfang des 20. Jahrhunderts auf, nachdem das Land durch die Transsibirische Eisenbahn erschlossen wurde. Wälder wurden gerodet, kleine Siedlungen wuchsen zu Städten mit Industriebetrieben. Die erste für den Baikalsee einschneidende Maßnahme war jedoch der Bau eines Stauwehrs, 65 Kilometer unterhalb des Ausflusses der Angara aus dem Baikal, mit dem der See einen Meter aufgestaut wurde. Das geschah in den 50er Jahren. Seitdem ist die Durchgängigkeit des Flusses für Wassertiere entscheidend behindert.

Trans-Siberian Railroad caused many problems

The territory around Lake Baikal has been populated for thousands of years – without problems. Things changed dramatically, however, when a railroad was built in the late eighteenth and early nineteenth century. Forests were cleared, and settlements grew into sprawling industrial towns. The first measure that affected Lake Baikal was the building of a retaining weir 65 kilometres up the Angara, the Baikal's only out-flowing river. An act carried out in the 1950s, thereby raising the lake by one metre. Free passage for aquatic animals has proved difficult ever since.

El ferrocarril transiberiano provocó numerosos problemas

El territorio que circunda el lago Baikal está habitado por el ser humano desde hace miles de años, sin que por ello se hayan producido problemas. Estos surgieron tan sólo a principios del siglo XX, cuando el territorio fue atravesado por el ferrocarril

transiberiano. Se talaron bosques y los pequeños asentamientos se convirtieron en ciudades industriales. Sin embargo, la primera medida decisiva para el lago Baikal fue la construcción de una presa a la salida del río Angara del lago Baikal, con lo que el nivel del lago ascendió un metro. Esto sucedió en los años 50. Desde entonces, el tránsito a lo largo del río está considerablemente obstaculizado para los animales acuáticos.

Alptraum Zellulose

Bis 1976 floss das Abwasser der Baikalsker Zellulosefabrik ungereinigt in den See, worauf es zu einem Massensterben der Epischura-Krebse und anderer endemischer Tierarten kam. Aufgrund von Schadstoffen aus dem Werk, die über die Luft transportiert wurden, entstanden Baumschäden in der Waldtaiga. Um dem unersättlichen Bedarf der Zellulosefabrik an Holz nachzukommen, holzten die Russen riesige Wälder ab. Die gefällten Bäume flößten sie über die Flüsse und auf dem See zur Fabrik. Dabei wurden viele Laichgründe des Omul-Fisches zerstört, und zwischen 1958 und 1968 sollen 1,5 Millionen Kubikmeter Holz im See versunken sein, wo sie nun verrotten. Auch im Norden des Baikalsees entstanden nach dem Bau der Bahn zwischen Amur und Baikal viele Quellen der Verschmutzung.

Wood pulp – a nightmare

Until 1976, untreated sewage from the "Baikal Cellulose Factory" was drained into the lake. The epichurae and other endemic creatures faced extinction. Tree demise set in, on account of factory-emitted pollution. The Russians then forfeited the

Lake Baikal

Living Lakes Partners

Origin
Age
Size

Length/width
Water volume

Greatest depth
Height of sediment
Sea level
Catchment area
In-flows
Largest in-flow
Out-flows
Mean precipitation

Mean air temperature
Completely frozen over
Country
Vegetation
Animal/plant species

Fish
Nesting birds
Water birds (max.)
Residents (lake-side)

Biggest problem

FIRN and Baikal Institute of Nature Management
tectonic
at least 25 mil. years
31,500 sq. km (world's 7th largest)
636 km; 79 km
23,600 cubic km (world's 2nd largest)
1,637 m (world's deepest)
7,000 m
+ 445 m
571,000 sq. km
544 brooks and rivers
Selenga river
Angara river
300 – 400 mm (200 – 1,400 mm)
-0.6°C (-24.6° to +14.4°C)
every year, in January
Russia
steppe, hills, taiga
2,600 (endemic: 60% animal species and 15% plant species)
53 species (27 endemic)
261 species
4 – 5 mil. in Selenga delta
1 mil. people (3.8 mil. in region)
Water pollution

Links oben: Traditionelle Landwirtschaft am Baikalsee.

Left above: Traditional farming at Lake Baikal.

Izquierda arriba: Agricultura tradicional en el Lago Baikal

Papierfabrik in Baikalsk (links unten) und Protest gegen dessen Schadstoffe (rechts oben).

Baikalsk cellulose factory (at the left, below), Billboard protesting against the pollution caused by the cellulose factory (right above).

Fábrica de producción de papel (izquierda, abajo) y protestas contra la contaminación que ella provoca (derecha arriba).

woodlands to meet their rapacious demands for wood pulp. Logs were rafted via the rivers and lake, direct to the gates of the factory. Many of the omul's spawning grounds were destroyed. As reported, 1.5 million cubic metres of timber sank in the Baikal between 1958 and 1968, wood that is still rotting. In the north, between the Amur river and Lake Baikal, the trans-Siberian railroad caused upheaval, debris and pollution.

La pesadilla de la celulosa

Hasta 1976, las aguas residuales de la fábrica de celulosa del Baikal se vertían directamente en el lago sin depurar, con lo que se provocó la mortandad masiva de cangrejos epishura y de otras especies endémicas. A causa de los contaminantes de la fábrica que se dispersaron por el aire, se produjeron daños en los árboles de la taiga boscosa. Para satisfacer la insaciable necesidad de madera de la fábrica de celulosa, los rusos talaron bosques inmensos. Los árboles talados eran transportados a través de los ríos y por el lago hasta la fábrica. De esta forma se destruyeron muchos fondos de desove del pez omul y se calcula que entre 1958 y 1968 se hundieron 1,5 millones de metros cúbicos de madera en el lago, donde ahora se pudren. También surgieron muchas fuentes de contaminación en el norte del lago Baikal tras la construcción del ferrocarril entre Amur y Baikal.

Schadstoffe aus Ulan-Ude

Zu den Hauptverschmutzern des Baikalsees gehört die Hauptstadt der Region Burjatien Ulan-Ude. Große Teile der Abwässer dieser Stadt und ihrer Fabriken fließen über den Selenga-Fluss in den Baikalsee, wo die Schmutzfracht bis in die Seemitte und bis zu 150 Kilometer weit entlang des Ufers reicht.

Pollution from Ulan-Ude

One of the main polluters of the Baikal is Ulan-Ude, the region's capital. Much of this city's and its factories' sewage is piped into the Selenga, a river that flows into the Baikal. This "cargo" pollutes 150 kilometresm of the shoreline, and even reaches the centre of the lake.

Contaminantes procedentes de Ulan-Ude

La capital de la región de Burjatija, Ulan-Ude, es uno de los principales focos de contaminación del lago Baikal. Gran parte de las aguas residuales de esta ciudad y de sus fábricas fluyen a través del río Senga hacia el lago Baikal, donde la contaminación llega hasta la mitad del lago y se extiende hasta 150 kilómetros a lo largo de su orilla.

Baikal: Welterbe der Menschheit

1996 hat die UNESCO den Baikalsee als Weltnaturlandschaft anerkannt. Für deren Bewahrung ist die ganze Menschheit verantwortlich. Zur Sanierung des Sees braucht Russland weltweite Unterstützung. Jenny Sutton aus Irkutsk sagte: „Wenn wir den Baikal nicht retten, werden wir auch den Planeten nicht retten."

The Baikal: UNESCO World Heritage Site

In 1996, UNESCO recognised Lake Baikal as a "natural landscape" earmarked for protection. The whole of humanity is responsible for its preservation. Russia requires worldwide support to re-develop the area. Said Jenny Sutton, of Irkutsk, "If we can't save the Baikal we won't be able to save our planet either."

Baikal: legado de la humanidad

En 1996 la UNESCO declaró al lago Baikal Reserva Natural de la Biosfera. Toda la Humanidad es responsable de su conservación. Rusia precisa del apoyo mundial para el saneamiento del lago. Jenny Sutton de Irtusk dijo: "Si no salvamos el lago Baikal, tampoco lograremos salvar el planeta".

Lago Baikal

Asociado Lagos Vivos

Origen
Antigüedad
Extensión

Longitud, anchura
Volumen de agua

Profundidad máxima

Altura de sedimentos en el lago
Altitud sobre el nivel del mar
Superficie de la cuenca
Numero de afluentes
Afluente mayor
Número de desagües
Precipitaciones

Temperatura media ambiental
Completamente congelado
Estado
Vegetación de la cuenca

Numero de especies en el lago
Endémicas

Peces

Aves anidando
Aves acuáticas

Habitantes en el lago

Mayor problema

Kurzer Sommer am Baikalsee.

Summers are short at Lake Baikal.

El corto verano del Lago Baikal.

FIRN y "Baikal Institute of Nature Management"
Tectónico
Mínimo 25 millones de años
31.500 km² (Séptimo lago más grande del mundo)
636 km, 79 km
23.600 km³, segundo volumen mayor del mundo
1.637 m, el lago más profundo del mundo
7.000 m
445 m
571.000 km²
544 arroyos y ríos
Selenga
1 (Angara)
300 – 400 mm en promedio (200 – 1.400 mm)
-0,6°C (-24,6° hasta +14,4°C)
Todos los años en enero
Rusia
Estepa, estepa de montaña y taiga
2.600
60% de las especies animales
15% de las especies vegetales
53 especies, 27 de ellas endémicas
261 especies
4 - 5 millones en el delta del Selenga
1 millón (3,8 millones en la región)
Contaminación de las aguas

Eis und Schnee bestimmen über viele Monate das Leben am Baikalsee.

For months ice and snow determine life at Lake Baikal.

El hielo y la nieve determinan la vida en el Lago Baikal durante muchos meses.

113

Nestos-Seen und Lagunen

Nestos Lakes

Hoher Stellenwert in Europa

Das Nestos-Delta gehört zu den zehn wichtigsten Feuchtgebieten Europas. Alleine an seinen Seen und Lagunen haben die unermüdlichen Vogelkundigen mehr als 310 Vogelarten beobachtet. Das sind 60 Prozent der insgesamt 514 in Europa lebenden Arten. Im Vergleich zu anderen Seen sind die bis zu 50.000 im Nestos-Delta überwinternden Wasservögel nicht außergewöhnlich viele. Wenn man die Artenliste anschaut, wird einem jedoch die Bedeutung des Nestos-Deltas klar. Denn hier rasten Kostbarkeiten wie Zwergscharben, Flamingos, Seeadler, Schelladler und Doppelschnepfen, und unter den Brutvögeln sind Moorenten, Zwergdommeln, Spornkiebitze und Brachschwalben, die europaweit im Bestand bedroht sind. Im Mai bedecken Seerosen große Teile der Seeflächen. Häufig sind auch sonst seltene Pflanzen wie Wassernuss, Schwanenblume und viele Orchideen.

Ursprünglich waren auch die heutigen Seen einmal Meereslagunen. Doch dann hat sich das Land gehoben, nachdem die Rhodopen-Gletscher abgeschmolzen waren. So wurden die ehemaligen Lagunen vom Meer abgeschnitten. Danach hat das süße Grundwasser das Salz aus den Lagunen ausgewaschen und dadurch in süße Seen und Tümpel verwandelt.

Biotope of European importance

The Nestos delta forms one of Europe's ten most important wetlands. Never tiring, ornithologists have spotted over 310 bird species. A figure that represents 60% of the 514 European species. Up to 50,000 birds spend the winter in the Nestos delta – not really many when compared with the numbers seen at other wintering sites. Looking at the species list, the delta's significance becomes clearer. Avian treasures rest here: the pygmy cormorant (Phalacrocorax pygmeus), greater flamingo (Phoenicopterus ruber), white-tailed eagle (Haliaeetus albicilla), spotted eagle (Aquila clanga), and great snipe (Gallinago media). Endangered species that nest in the region are: ferruginous duck (Aythya nycroca), little bittern (Ixobrychus minutus), spur-winged plover (Hoplopterus spinosus), and whimbrel (Numenius phaeopus). In May, water lilies cover the water's surface. Orchids are numerous, but there are also rarer plants, e.g. water chestnut (Trapa natans) and flowering rush (Butomus umbellatus).

Originally, these lakes were sea lagoons. But once the Rhodope glaciers had melted it was a case of land getting the upper hand. Sub-soil waters flushed the salt

Unten: Die flachen Nestosseen sind reich an Pflanzen und Tieren.

Below: The shallow Nestos lakes are rich in plant and wild life.

Abajo: Las lagunas del Nestos son poco profundas y ricas en plantas y animales.

Rechts: Seerosen auf einem der Nestosseen.

Right A carpet of water lilies in one of the Nestos lakes.

Derecha: Lirios acuáticos en una de las Lagunas del Nestos.

and lagoons Lagos y Lagunas del río Nestos

Große Vielfalt auf kleinem Raum   *A mini cosmos*

out of the lagoons, so the lakes and ponds contain fresh water today.

Gran importancia en Europa

El delta del Nestos se encuentra entre las diez zonas húmedas más importantes de Europa. Los incansables ornitólogos han observado, tan sólo en sus lagos y lagunas, más de 310 especies de aves. Esta cifra constituye un 60% del total de 514 especies conocidas en Europa. Las 50.000 aves que invernan en el Nestos no representan una cifra extraordinariamente grande si las comparamos con las observadas en otros lagos. Sin embargo, al ver la lista de especies se comprende la importancia del delta del Nestos. Y es que aquí descansan especies tan valiosas como el cormorán pigmeo, el flamenco, el águila marina o pigargo europeo, el águila moteada y la chocha; y entre las aves que anidan se cuentan las fochas, los avetorillos, las avefrías espoladas y las canasteras, cuyas poblaciones están amenazadas en toda Europa. En mayo, grandes superficies de los lagos están cubiertas por nenúfares. También son frecuentes plantas generalmente raras en otros lugares, como la nuez de agua, el junco florido y muchas orquídeas.

Originariamente, los lagos actuales fueron también lagunas marinas. Pero después se elevó el terreno, tras la fusión del hielo de los glaciares en los Montes Rhodope. De esta manera, las lagunas quedaron desconectadas del mar. Después, el agua subterránea dulce lavó la sal de las lagunas y las convirtió en lagos y charcas de agua dulce.

Lagunen: Lebensräume der Extreme

Die sieben Lagunen liegen ganz nahe an der Küste von der Mündung des Nestos in beiden Richtungen. Sie sind insgesamt 17 Quadratkilometer groß. Entstanden sind sie durch Sandbänke im Meer. Hier siedelten sich Pflanzen an, in deren Windschatten immer höhere Dünen entstanden sind, die schließlich auch bei Sturm nicht mehr überflutet wurden. So entstanden Barrieren zwischen Meer und Lagune. Starker Regen und Arme des Nestos, die in die Lagunen mündeten, süßten das Wasser aus, und bei Sturm drang wieder Salzwasser ein. An die Wasserflächen der Lagune grenzen Salzmarschen, in denen wie im Wattenmeer der Nordsee Salzpflanzen wie der Queller

Nestos-Seen und
Partner Lebendige Seen

Entstehung
Zahl

Größe

Größte Tiefe
Umgebende Feuchtgebiete
Meereshöhe
Salzgehalt

Niederschläge pro Jahr
Mittlere Jahrestemperatur
Zugefroren
Staat
Vegetation Einzugsgebiet
Pflanzen
Libellen
Fische
Amphibien und Reptilien
Vögel
Einwohner an den Seen
Größtes Problem

lagoons

Society for the Protection of Nature and Eco Development (EPO)
dead arm of Nestos river
7 lakes, 11 ponds, 7 lagoons
lake and ponds, 23 sq. km
lakes, 3.5 m/lagoons 1.8 m
120 sq. km
16-21 m, lagoons 0 m
lakes, ponds = fresh water, lagoons = somewhat brackish to hyper-saline
450-580 p.a.
10.8°C
very rare
Greece (Hrysoupolis)
sub-Mediterranean
27 orchid species
31 species
17 species
22 species
211 migratory and nesters
50,000
Lakes lie outside National Park

Links: Nestosschlucht mit schmalen Auenwäldern.

Left: Gorge and floodplain forest in the Nestos region.

Izquierda: El desfiladero del Nestos con bosque de ribera.

Oben: Der Überlebenskünstler Goldschakal bewohnt Dickichte aus Schilf und Sträuchern.

Above: Yellow jackals inhabit reed beds and dense underground.

Arriba: El chacal dorado habita en zonas de vegetación muy densa.

If passing, the Orient Express chugs in and out of tunnels – exciting for Agatha Christie fans.

Thick forests sprung up in the plains, trees reached a height of 40 metres. In an area covering 550 sq. km wetland with meandering rivers and dead arms of rivers, brown bear, wolf, and yellow jackal roamed freely. The otter, too, put in an appearance. Even today, the remains of the floodplain forests are rich in biodiversity and of great importance for migrant birds.

Gargantas y prados

Al elaborar un informe sobre los lagos y lagunas del Nestos, se deben dedicar también algunas frases a la garganta del Nestos y a la pradera boscosa. El río se ha encañonado durante el plegamiento de los montes Rhodope, entre los que fluye actualmente en grandes meandros. Aquí han surgido en un estrecho espacio muchos hábitats diferentes, desde rocas orientadas hacia el sur hasta estrechas praderas boscosas y bancos de guijarros en el fondo del valle. Los amantes de las novelas policiacas pueden recrear aquí la aventura del Orient Express, que tras cortos trayectos desaparece a la luz del día en oscuros túneles.

Tras la entrada del Nestos en la planicie, el río formó una gigantesca zona húmeda de 550 kilómetros cuadrados de extensión con meandros y antiguos brazos del río, en la que creció una selva impenetrable. Las copas de algunos árboles llegaron a alcanzar los 40 metros. Aquí habitaban osos, lobos, nutrias y chacales dorados. Hoy los restos de ese bosque continúan siendo la zona de vega más rica en especies de toda Grecia, imprescindible para las aves migratorias.

Überlebenskünstler Goldschakal

In den Schilfdickichten der Seen und im Auenwald lebt ein Säugetier, das die wenigsten Griechen je gesehen haben. Das war Anreiz für die Tierfilmer Ernst Arendt und Hans Schweiger, nach Griechenland aufzubrechen, um sie zu filmen. Doch das gelang ihnen zunächst nicht zufriedenstellend, denn Goldschakale sind gegenüber Menschen außergewöhnlich misstrauisch. Nur so haben sie in Griechenland überleben können. Nachdem die beiden Filmer schon am Abbrechen ihrer Zelte waren, bekamen sie dann doch noch herrliche Familienszenen der Goldschakale vor ihre Kamera.

Goldschakale sind mit dem Wolf nah verwandt. Sie leben in großräumig verschilften Feuchtgebieten, an Flussufern und in schwer durchdringlichem Gestrüpp. Mit 10 Kilogramm sind sie doppelt so groß wie ein Fuchs. Goldschakale leben in

Dauerehe. Ihre Jungen wachsen in Erdbauen oder Lagern im Pflanzendickicht heran. Sie verständigen sich über Düfte, mit Heulen und vielen verschiedenen Rufen.

Yellow jackal – clever survivor

Most Greeks have never clapped eyes on the yellow jackal. An animal that lives secretively in the reedbeds of the Rhodope delta. This intrigued Ernst Arendt and Hans Schweiger, two German cameramen famous for their nature documentaries. Intent on filming these jackals, they set up their equipment...and waited. But the actors failed to turn up. Of course, inborn seclusiveness has allowed these wolf-like animals to survive. Eventually, unforgettable scenes were recorded of jackal family life at its best.

Yellow jackal and wolf are indeed closely related. Greek jackals inhabit reedbeds and dense undergrowth. Adults weighing 10 kilogrammes, they are twice the size of a fox. Yellow jackals live monogamously. Cubs are raised in burrows or lairs in inaccessible undergrowth. Communication is by means of howling, barking, and scent marking.

El chacal dorado, un artista de la supervivencia

En los cañaverales de los lagos y en el prado boscoso vive un mamífero al que apenas han visto algunos griegos. Esto fue el estímulo para que los cineastas de animales Ernst Arendt y Hans Schweiger viajaran hasta Grecia para filmarlos. Pero al principio no lo lograron satisfactoriamente, ya que los chacales dorados desconfían extremadamente de los seres humanos. Sólo así han podido sobrevivir en Grecia. Después de que ambos cineastas estuvieran a punto de desmontar las tiendas de campaña, consiguieron finalmente magníficas escenas de la vida familiar del chacal dorado.

Los chacales dorados están emparentados muy estrechamente con el lobo. Viven en zonas húmedas pobladas por densos cañaverales, en las orillas de los ríos y entre zonas vegetación difícilmente penetrables. Con 10 kilos de peso, son el doble de grandes que los zorros. Los chacales dorados son monógamos. Sus cachorros crecen en túneles o madrigueras entre la espesura. Se comunican mediante olores, aullidos y muchas llamadas diferentes.

Konflikte mit Landnutzern

Der Urwald im Nestos-Delta ist fast nur noch ein schöner Traum. Nach dem Abholzen der meisten Bäume und dem Bau von Hochwasserdämmen links und rechts des Flusses in den 50er Jahren kann der Nestos nur noch zwischen den Dämmen in einer Breite von einem Kilometer schwach mäandrieren. Von seinem Wasser wird während des Sommers sehr viel in die Kanäle außerhalb der Dämme geleitet, um Äcker zu bewässern. Dadurch kann das Flussbett vollständig austrocknen.

Große Probleme bereiten die intensive Düngung der Äcker im ehemaligen Delta und die Anwendung von Pestiziden. Davon sind auch die Pflanzen und Tiere in den Seen und in der unmittelbaren Umgebung betroffen. Genauso schlimm ist die Entnahme von Wasser aus den Seen, mit dem Äcker bewässert werden. Kleinere Gewässer werden mit Bauschutt und Müll verfüllt und Hirten brennen Schilf und Gebüsch ab, um Weideland zu gewinnen. Unsere Partnerorganisation EPO bemüht sich, mit intensiver Öffentlichkeitsarbeit und Umwelterziehung die Eingriffe zu mildern und verlangt einen besseren rechtlichen Schutz für das ganze Gebiet. Der entstehende Nationalpark mit dem Nestos-Delta und den angrenzenden Feuchtgebieten im Osten wird hoffentlich viele Verbesserungen für die Natur bringen.

Lagos y Lagunas del

Asociado Lagos Vivos

Origen
Número

Extensión
Mayor profundidad

Zonas húmedas circundantes
Altitud
Concentración salina

Precipitaciones anuales
Temperatura media anual
Congelado
Estado
Vegetación de la cuenca
Plantas
Libélulas
Peces
Anfibios y reptiles
Aves

Habitantes en los lagos
Mayor problema

Links: Der „Living Lakes" Projekt- leiter Udo Gattenlöhner und EPO- Geschäftsführer Hans Jerrentrup bei einer „Living Lakes" Presse- konferenz an den Nestos-Seen.

Left: Udo Gattenlöhner, Living Lakes co-ordinator and project director, and Hans Jerrentrup, director of EPO, at a press-conference in the Nestos delta.

Izquierda: Udo Gattenlöhner, coordinador del proyecto Living Lakes y Hans Jerrentrupp, director de EPO, en una conferencia de prensa en el Nestos.

Rechts: Eine extensive Beweidung der Nestos-Seenregion ist ideal.

Derecha: Extensive pastoral farming is ideal for the Nestos region.

Derecha: El pastoreo extensivo es lo ideal para las Lagunas del

río Nestos

Society for Protection of Nature and Ecodevelopment (EPO)
Antiguas aguas del río Nestos
7 lagos mayores, 11 charcas
7 lagunas
Lagos y charcas 23 km^2
Lagos 3,5 m
Lagunas 1,8 m
120 km^2
16-21 m, lagunas 0 m
Lagos y charcas agua dulce, lagunas desde ligeramente salobres hasta hipersalinas
450-580 mm
10,8° C
Nunca
Hrysoupolis, en Grecia
Submediterránea
27 Especies de orquídeas
31 especies
17 especies
22 especies
211 entre migratorias y anidando
50.000
Los lagos están fuera del Parque Nacional

Conflicts with the land users

Today, pristine forest around the delta is but a dream. Wearisomely, the river meanders through a bed that was dammed on either side in the 1950s. In summer, peasants re-direct the water via channels to irrigate the fields. Not infrequently, the riverbed dries out.

The excessive use of fertilisers and pesticides in the delta region is causing big problems. Toxins endanger aquatic plants and animals, too. Debris and refuse are tipped into ponds and small lakes. Shepherds readily burn reeds and bushes to provide their wards with fresh pastures. Our EPO associates strive for legal protection of the whole area, talk to authorities, and try to "educate" the villagers in animal-and- plant protection policies.

The Nestos-Delta National Park, which includes the eastern wetlands, will, hopefully, be a turning point in Greek conservation policy.

Conflictos con los agricultores

La selva en el delta del Nestos apenas es hoy en día algo más que un bonito sueño. Tras la tala de la mayor parte de los árboles y la construcción de embalses a izquierda y derecha del río en los años 50, el Nestos apenas si puede fluir haciendo suaves meandros entre los embalses hasta una anchura de un kilómetro. Durante el verano, gran parte de su volumen de agua es conducido hacia las canalizaciones exteriores a los embalses para regar campos de cultivo. Debido a esto podría desecarse por completo el lecho del río.

El abono intensivo de los campos de cultivo en el antiguo delta y el uso de pesticidas ocasionan grandes problemas. Esto afecta también a las plantas y animales que habitan en los lagos y en sus inmediaciones. Igualmente grave es la extracción de agua de los lagos para el regadío de cultivos. Las charcas más pequeñas son rellenadas con cascotes y basura y los pastores queman cañaverales y arbustos para obtener pastizales. Nuestra organización asociada EPO se esfuerza por suavizar las intervenciones mediante adquisiciones de terreno, una labor pública intensiva y educación medioambiental, exigiendo una mejor protección legal para toda la región. Esperamos que el Parque Nacional resultante de la agrupación del delta del Nestos con las zonas húmedas limítrofes al oeste traerá muchas mejoras para la naturaleza.

Norfolk Broads   *Norfolk*

Broads   Norfolk Broads

Altes Kulturland

Die Broadslandschaft liegt im Osten Großbritanniens in den Grafschaften Norfolk und Suffolk. Größte Stadt inmitten dieses Gebiets ist Norwich. Broads heißen in dieser Gegend die aufgrund menschlicher Aktivitäten verbreiterten Flüsse. Die Ausweitungen sind durch den Abbau von Torf neben den Flüssen entstanden. Nach dem Abtransport des Torfs, der zum Heizen genutzt wurde, drang Wasser in die Torfgruben ein. So ist eine von Flüssen durchströmte Seenlandschaft mit großen Schilfflächen entstanden. Diese Entwicklung begann im 9. und endete im 19. Jahrhundert.

Ähnlich einschneidend für die heutige Landschaft war der Bau von Dämmen, mit denen um 1300 begonnen wurde. Damit wollte man die Überflutungen von genutztem Land verhindern, das zusätzlich von Windpumpen entwässert wurde. Heute sind diese Windräder Kulturdenkmäler, die längst durch wirkungsvollere Elektro- und Dieselpumpen ersetzt wurden. Entwässert wird, zum Nachteil für die Natur, nach wie vor.

Im 18. und 19. Jahrhundert wurde auch der Lauf der Flüsse verändert, das heißt, sie wurden begradigt, damit Kähne und Segelboote besser navigieren konnten. Diese waren damals in dieser Region die einzigen sicheren Transportmittel zwischen den Dörfern und übers Meer nach anderen Gegenden des Landes. Erst mit dem Bau der Eisenbahn im 19. Jahrhundert verloren die Wasserstraßen an wirtschaftlicher Bedeutung.

A long cultural history

The Broads area is situated in the counties of Norfolk and Suffolk, close to the east coast of England. The main city adjacent to the Broads is Norwich. The broads themselves are shallow lakes, created in medieval times (9th-13th centuries) when peat (decayed plant material) was dug out for use as fuel for heating and cooking. Over the centuries water levels rose, the peat diggings became flooded, and shallow lakes or broad areas of water were formed. The landscape forms a wetland mosaic of

Die Broads sind eine alte Kulturlandschaft.

The Broads are an old cultural landscape.

Los Broads: antiguo paisaje cultural.

Rechts: Folge der Überdüngung: Wasserpflanzen werden in großen Mengen entnommen.

Right: A consequence of over-fertilisation: masses of aquatic plants are being removed.

Derecha: Los efectos de la contaminación por fertilizantes: retirada de grandes masas de plantas acuáticas.

Unten: Mit abgepumptem Schlamm aufgefüllte Flächen.

Surfaces filled with pumped off mud.

Abajo: Superficie llena de lodo fosfatado.

waterways, reed-beds, wet carr woodland and pasture or grazing marshes. Some peat digging, in the form of small turf ponds, continued into the 19th century. Reed and sedge were cut from the fens to provide material for thatching roofs, and this still continues. New uses for the fen crops are also being developed, such as animal feed and bio-fuel. The landscape supports internationally important wildlife and restoring water quality and wetland habitats is a core part of the Broads Authority's role.

Drainage mills are part of the social and economic history of the Broads and they are also part of the landscape. Drainage mills or windpumps were built to drain the marshes dry enough for cattle to graze and were first in use in the Broads in about the 16th century. As sea levels rose, drainage also protected the area from flooding. Wind power was replaced first by steam, then diesel and now electric pumps are used. In the 19th and 20th centuries many wetlands were drained so the land could be used for cereal crops. In Britain alone, between 1940 and 1981, an area of 7,500 square kilometres was pumped dry. Lake Constance would fit into this space 14 times over. Naturally, this caused severe problems for waders and other birds which nest or feed in wet or swampy habitats.

Waterways were originally the easiest and quickest routes between villages in the Broads. During the 18th and 19th centuries some river courses were straightened to allow an easier passage for boats, particularly the large sailing wherries which carried cargo. It was not until the development of the railways in the 19th century and road transport in the 20th, that navigable rivers and canals lost their importance. As commercial traffic on the waterways declined, so the holiday business developed. Some of the first holiday boats, at the end of the 19th century, were converted trading wherries. The Broads has status equivalent to a national park and 5.4 million visitor days are now spent in the Broads each year. The Broads Authority must balance the needs of the landscape and wildlife with those of local people and visitors, in the context of national and European legislation.

Una larga historia cultural

El área de los Broads está situada en los condados de Norfolk y Suffolk, cerca de la costa oriental de Inglaterra. La ciudad cercana más grande es Norwich.

Los Broads son concretamente lagunas someras, creadas durante la época medieval (siglos IX al XIII) para la extracción de turba (material orgánico de origen vegetal en descomposición) para su uso como combustible para calentar y cocinar. A lo largo de los siglos, el nivel de agua fue ascendiendo, las turberas se inundaron y se formaron lagos someros o áreas de Broads. Así surgió un paisaje atravesado por ríos con grandes cañaverales, bosque húmedo y pastizales. Cierta actividad minera, en forma de pequeñas turberas, continuó hasta el siglo XIX. Las cañas y el junco fueron cortadas de las riberas para usarlas como material de techado, y eso aún se hace hoy en día. Se están desarrollando también nuevos usos para los vegetales ribereños, tales como alimento para animales y combustible ecológico. La región alberga un ecosistema de importancia mundial, por lo que la restauración de la calidad del agua y de los diferentes hábitats de humedal es una parte fundamental del papel de las autoridades de los Broads.

Las bombas de molinete forman parte de la historia económica y social de los Broads y son también parte del paisaje. Estas bombas eólicas eran construidas para drenar los pantanos lo suficiente para obtener terreno de pasto para el ganado, y empezaron a usarse en los Broads aproximadamente hacia el siglo XVI. Cuando ascendía el nivel del mar, este drenaje protegía también al área de inundaciones. La energía eólica fue sustituida inicialmente por vapor, después por combustible diesel, y ahora se usan bombas eléctricas. En los siglos XIX y XX se desecaron muchas zonas pantanosas para destinar el terreno al cultivo de cereales. Tan sólo en Gran Bretaña, entre 1940 y 1981 se desecó un área de 7.500 km^2. El lago Constanza cabría 14 veces dentro de esta superficie. Naturalmente, esto ocasionó graves problemas a las aves zancudas y a otras aves que anidan o se alimentan en hábitats húmedos o pantanosos.

Originalmente los ríos eran las rutas más fáciles y rápidas entre los pueblos en la zona de los Broads. Durante los siglos XVIII y XIX los cursos de algunos ríos fueron canalizados para permitir un paso más fácil a los barcos, sobre todo a los grandes veleros mercantes. Los ríos navegables y los canales sólo perdieron su importancia con el desarrollo de los ferrocarriles en el siglo XIX, y el del transporte por carretera en el XX.

A medida que fue declinando el tráfico comercial a lo largo de los ríos, se fue desarrollando el negocio turístico. Algunas de las primeras embarcaciones turísticas, que aparecieron al final del siglo XIX, eran veleros mercantes transformados. Los Broads tienen una calificación equivalente a un

Norfolk Broads

Partner Lebendige Seen
Entstehung

Alter

Größe
Größte Tiefe
Meereshöhe
Einzugsgebiet
Zahl der Flüsse
Größte Flüsse
Zahl der Abflüsse
Salzgehalt
Niederschläge pro Jahr
Mittlere Lufttemperatur
Vollständig zugefroren
Staat

Gliederung der Broads
(303km^2)

Wasservögel max.
Einwohner am See
Besucher pro Jahr

Zahl der Boote
Größtes Problem
Größter Erfolg

Broads Authority und BTCV
Verbreiterung der Flüsse zu
Seen nach Abbau von Torf
Entstanden vom 9. bis 13.
Jahrhundert
20 km² (Wasserfläche)
2 m
gering über oder unter NN
303 km²
6
Waveney, Yare, Bure
2
Süßwasser mit Brackwasser
550 – 600 mm
90er Jahre +10°C bis 1°C
teilweise, gelegentlich ganz
Norfolk und Suffolk in
Großbritannien
43 % Weideland, 27 % Acker,
11 % Wald, 8 % Moor, 7 %
Wasserfläche, 4 % sonstige
15.000
1996: 5.500
5,4 Millionen Übernachtungen
200.000 Gäste in Booten
13.000
Wasserqualität und -menge
Entnahme von 250.000 m³
phosphathaltigem Schlamm
von Barton Broad

Links: Fischotter gehören zu den Kostbarkeiten der Broads.

Left: Otter, a precious and popular animal of the Broads.

Izquierda: La nutria es todavía escasa en los Broads.

Rechts: Sedimentprobe zur Bestimmung des Phophat-Gehalts.

Right: Taking a sediment core to test for phosphate levels.

Derecha: Análisis de lodo para determinar el contenido de fosfato.

parque nacional, y cada año se contabilizan 5,4 millones de visitantes. Las autoridades deben equilibrar las necesidades del medio ambiente y de la vida animal con aquellas de habitantes y visitantes, dentro del contexto de la legislación europea y nacional.

Die Broads als Erholungsland

Ergänzend zu der Eisenbahn wurden im 20. Jahrhundert viele neue Straßen gebaut. Sie leiteten eine neue Entwicklung ein, indem die Broads entsprechend dem zunehmenden Wohlstand der Menschen zu einer Erholungslandschaft wurden. Gegenwärtig sind es 5,4 Millionen Tagesbesucher pro Jahr und 200.000 Feriengäste. Da die Broads außerdem ein Gebiet von internationaler Bedeutung für Wasservögel sind, bemüht sich die Verwaltung des Nationalparks, die Bedürfnisse der Menschen und die der Vögel unter einen Hut zu bringen.

Intensive Landwirtschaft: das Problem des 20. Jahrhunderts

Feuchtgebiete sind im 19. und 20. Jahrhundert in großem Umfang entwässert worden, um sie landwirtschaftlich intensiver bewirtschaften zu können. Alleine in Großbritannien war davon zwischen 1940 und 1981 eine Fläche von 7.500 Quadratkilometern betroffen. Der Bodensee hätte darin 14 mal Platz. Für Wat- und Wasservögel, die zeitweise flache, überschwemmte Wiesen und Viehweiden oder natürliche Feuchtgebiete zum Brüten und Nahrung suchen brauchen, war das eine verheerende Entwicklung. Wo immer möglich, wirkt die Verwaltung des Na-

tionalparks gegenläufig, indem sie ein Mosaik von unbeeinflussten und extensiv genutzten Flächen entstehen lässt. Sie wird dabei von der Europäischen Union unterstützt.

Ein weiteres Problem, das mit intensiver Landwirtschaft zusammenhängt, sind die Belastungen der Seen mit Phosphor und Stickstoff, die von Wiesen und Äckern ins Wasser geschwemmt werden. Die Überdüngung fördert das Wachstum von giftigen Blaualgen. Um hier wieder „normale" Verhältnisse zu schaffen, ließen die Behörden einen See auspumpen. Ende 1999 wurde diese Aktion beendet. Das Gewässer wurde auf diese Weise um 250.000 Kubikmeter Schlamm entlastet. Es wird sich nun zeigen, wie die Pflanzen und Tiere in diesem See reagieren werden.

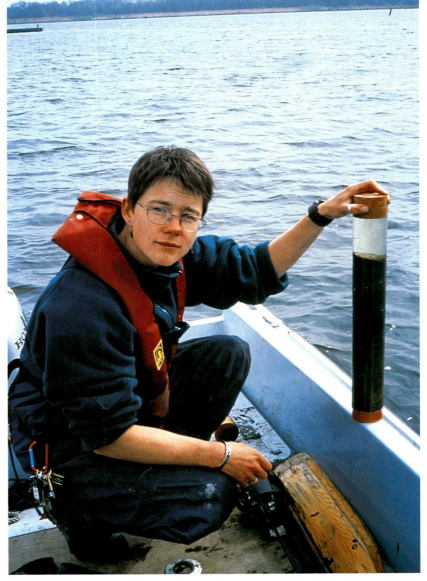

Water quality

Water quality has been affected by phosphates (largely from sewage treatment works) and nitrates (mostly from farm fertilizers) which enter the waterways system. Algae then thrive, other plants decline and the whole wildlife interest of a lake can be lost. Removing phosphate by suction dredging, combined with 'biomanipulation' techniques to remove fish in some areas and thus encourage water fleas to feed on algae without being preyed on by fish, is a key part of the Broads restoration programme. By May 2000, 250,000 cubic metres of phosphate rich mud had been removed from Barton Broad, site of the Broads Authority's largest restoration project. As water quality improves, plants and other wildlife will return.

Calidad del agua

La calidad del agua se ha visto afectada por fosfatos (procedentes de plantas depuradoras) y nitratos (procedentes de fertilizantes agrícolas) que penetran el sistema fluvial. Las algas medran, otras plantan prosperan y todo el ecosistema de un lago puede quedar destruído. Una parte fundamental del programa de restauración consiste en la eliminación de fosfatos mediante el dragado por succión, combinado con técnicas de "biomanipulación" que excluyen los peces de ciertas áreas para alentar a las pulgas de agua a nutrirse de las algas sin sufrir la depredación de los peces. En mayo del 2000 se habían eliminado 250.000 m^3 de lodo fosfatado de Barton Broad, donde se localiza el mayor proyecto de restauración que llevan a cabo las autoridades de los Broads. Se estima que al mejorar la calidad del agua, plantas y animales retornarán a su antiguo hábitat.

Reiche Natur

Trotz der vielen Eingriffe haben sich viele Pflanzen und Tiere in der Broadslandschaft halten können. Dicht über dem Wasser blühen ganze Teppiche von Seerosen, in verlandeten Gräben wächst der Fieberklee. Die Broads sind die einzige Landschaft in Großbritannien, in der eine stabile Population von Schwalbenschwänzen lebt, das ist eine besonders schön aussehende Schmetterlingsart. Auf den Wiesen brüten Rotschenkel und Kiebitze, in den Schilfwäldern Rohrdommeln und Beutelmeisen. Für den Fischotter sind die vielfältig strukturierten Ufer der Flüsse und Seen ein Eldorado.

Mit Förderung der Europäischen Union läuft zur Zeit eine Zusammenarbeit zwischen der Grafschaft Norfolk mit Regionen in

Norfolk Broads

Living Lakes partner
Origin

Age

Size
Greatest depth
Sea level
Catchment area
Rivers
Largest rivers
Out-flows
Salt content
Precipitation
Mean air temperature
Frozen over
Country
Area breakdown
(303 sq. Km)

Waterfowl (max.)
Inhabitants
Visitors (p.a.)

Boats
Biggest problem
Greatest success

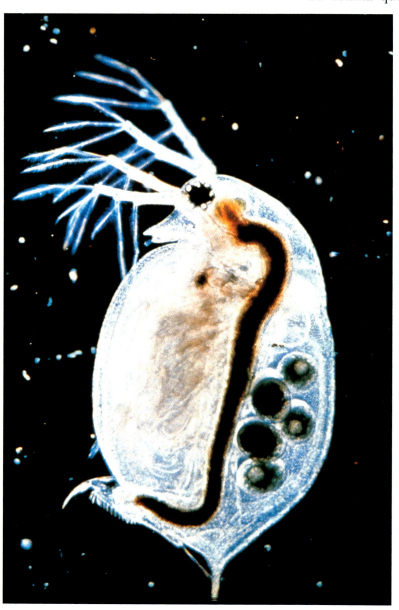

Wasserflöhe verzehren Algen. Sie essen die Broads sauber.

Daphnia water-fleas feed on algae, so they "eat the Broads clean".

Las pulgas de agua se alimentan de algas y limpian así los Broads

Partner Lebendige Seen:

Living Lakes partner:

Asociado de Lagos Vivos:

Broads Authority and BTCV
shallow lakes created from peat digging and connected to river-system
Broads created 9th-13th centuries
20 square km (open water)
2 m
slightly above or below SL
303 sq. km (designated area)
6
Waveney, Yare, Bure
2
fresh/brackish
550 – 600 mm
1°C – 10°C (1990s)
partially; occasionally totally
England (Norfolk/Suffolk)
43% pasture, 27% cultivated fields, 11% woods, 8% marshes (fens), 7% open water, 4% other
15,000
5,500 (1996)
5.4 m visitor days, 200,000 staying on boats
13,000
Water quality and quantity
Removal of 250,000 cubic m. of phosphorus-rich mud from

Kinder werden in den Broads an die Natur herangeführt.

Environmental education in the Broads.

Educación ambiental en los Broads.

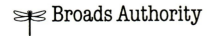

den Niederlanden, Dänemark und drei Bundesländern in Deutschland, die an die Nordsee grenzen. Die Behörden dieser Länder wollen ihre Erfahrungen austauschen bei der Renaturierung von Flüssen, Seen und Feuchtgebieten. Symboltier dieser Aktion ist der Fischotter, der aus großen Teilen seines ehemaligen Verbreitungsgebietes in diesen Ländern verschwunden ist, weil er rücksichtslos verfolgt und seine Lebensräume zerstört wurden.

Nature's comeback

Amazingly, nature has adapted to and borne man-made hardships. In the Broads, carpets of water-lilies (Nuphar luteum) can be found in areas where water quality has improved, and bogbean (Menyanthes trifoliata) grows profusely in some areas. This is also the only part of Britain where swallowtail butterflies (Papilio machaon) are found. Redshanks (Tringa totanus) and lapwings (Vanellus vanellus) nest in the meadows and bearded tits (Panarus biarmicus) nest in the reed-beds. The bittern (Botaurus stellaris) is very rare in the Broads, but it is being encouraged to return to the reed-beds, and otters, once common, are now occasionally seen in the rivers.

El regreso de la naturaleza

Sorprendentemente, la naturaleza ha sabido adaptarse y soportar los inconvenientes creados por los seres humanos. En los Broads, pueden encontrarse alfombras enteras de nenúfares (*Nuphar luteum*) en áreas donde ha mejorado la calidad del agua, y la ficaria (*Menyanthes trifoliata*) crece en los canales llenos de tierra. Ésta es también la única región de Inglaterra donde se encuentran mariposas macaón ó mariposas de cola de golondrina (*Papilio machaon*). El archibebe común (*Tringa totanus*) y el avefría (*Vanellus vanellus*) anidan en las praderas, mientras que el bigotudo (*Panurus biarmicus*) cría entre los cañaverales. El avetoro común (*Botaurus stellaris*) es muy raro en los Broads, pero se está tratando de fomentar su retorno a los cañaverales; y las nutrias, antes comunes, vuelven a verse ahora ocasionalmente en los ríos.

Erziehung und Bildung

Mit Nationalparken wie den Broads werden zwei Ziele angestrebt: Natur zu erhalten und Menschen an Natur heranzuführen. Das erfordert ein kluges Management im Hinblick auf die Interessen der Landeigentümer, der Bewohner und der Touristen. Mit einem vielfältigen Programm wendet

sich die Verwaltung des Nationalparks an Erwachsene und Jugendliche, um sie emotional und rational mit Pflanzen und Tieren und deren Problemen vertraut zu machen. Im Rahmen unserer Partnerschaft Lebendige Seen ist es die Aufgabe der Leute von den Broads, Partnern in anderen Ländern ihre Erfahrungen im Umgang mit Menschen zu vermitteln.

Education and interpretation

Under the co-ordination of the EU, the Broads and regions of the Netherlands, Denmark and Germany that border the North Sea are sharing experiences on how best to revive rivers, lakes and wetlands. The otter (Lutra lutra), a small fish-eating animal that was once ruthlessly killed, is an appropriate symbol for this project.

Management and education are both important parts of the project. National parks conserve nature, and bring people back to nature. This requires careful management, as the sometimes potentially conflicting interests of landowners, local people and visitors must all be taken into account. Interpretation aims to engage both hearts and minds, and to introduce both children and adults to a concern for the environment. Living Lakes partners can all benefit from sharing their experience of education and interpretation.

Educación e interpretación

Bajo la coordinación de la Unión Europea, los Broads y regiones de los Paises Bajos, Dinamarca y Alemania, que limitan con el Mar del Norte, están compartiendo experiencias sobre la mejor manera de revivir los ríos, lagos y humedales. La nutria (*Lutra lutra*), un pequeño animal que se alimenta de peces y que fue despiadadamente perseguido, es un símbolo apropiado para este proyecto.

Tanto gestión como educación son partes importantes del proyecto. Los parques nacionales preservan la naturaleza y, al mismo tiempo, vuelven a poner a las personas en contacto con ella. Esto requiere una cuidadosa gestión, ya que deben ser tomados en cuenta los intereses de los terratenientes, los de los habitantes de la zona y los visitantes, a veces potencialmente contrapuestos. La dirección del parque nacional se dirige a jóvenes y adultos a través de un variado programa, en el que pretende involucrarlos emocional y racionalmente con el medio ambiente. Los miembros de Lagos Vivos pueden beneficiarse mutuamente compartiendo sus experiencias sobre educación e interpretación.

Norfolk Broads

Asociado de Lagos Vivos

Origen

Antigüedad

Extensión
Mayor profundidad
Altitud

Cuenca
Número de afluentes
Afluentes mayores
Desagües
Concentración salina
Precipitaciones anuales
Temperatura media del aire
Congelado

Estado
Distribución de la cuenca
(303 km²)

Aves acuáticas (máx.)
Habitantes
Visitantes anuales

Embarcaciones
Mayor problema
Mayor éxito

An den Broads leben viele Fledermäuse.

Bats are frequent in the Broads.

Los murciélagos son muy frecuentes en los Broads.

Autoridades de los Broads y BTCV
Lagos someros creados por la extracción de turba y conectados a un sistema fluvial
Creados entre los siglos IX-XIII
20 km^2 (aguas abiertas)
2 m
ligeramente por encima del nivel del mar
303 km^2
6
Waveney, Yare, Bure
2
dulce/salobre
550 – 600 mm
1°C – 10°C (años 90)
Parcialmente, en ocasiones totalmente
Inglaterra (Norfolk/Suffolk)
43% pastizales, 27% campos de cultivo, 11% bosques, 8% pantanos, 7% superficie de agua, 4% otros
15,000
5,500 (1996)
5,4 millones de pernoctas
200,000 en embarcaciones
13,000
Calidad y cantidad de agua
Retirada de 250,000 m^3 de lodo fosfatado de Barton Broad

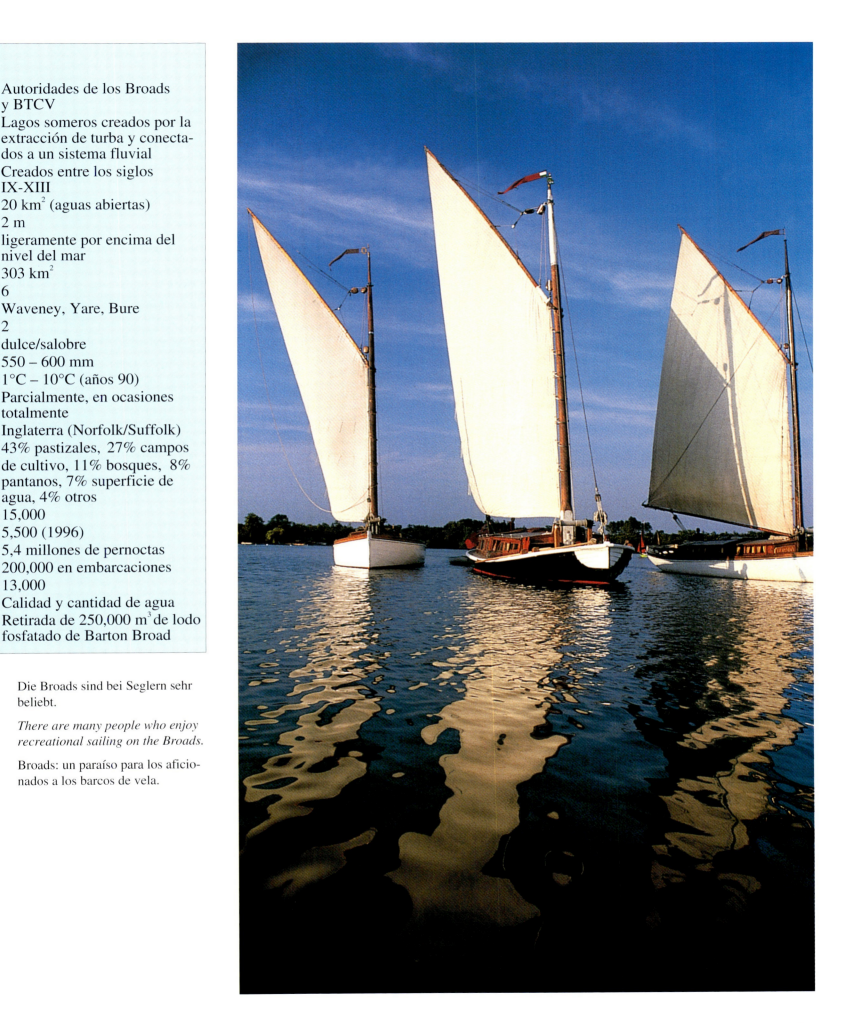

Die Broads sind bei Seglern sehr beliebt.

There are many people who enjoy recreational sailing on the Broads.

Broads: un paraíso para los aficionados a los barcos de vela.

Steppensee La Nava *Lake*

La Nava   Laguna La Nava

La Nava wiedererstanden

Ein See wurde beerdigt

Das Schlimmste, was Pflanzen und Tieren eines Sees passieren kann, ist seine Trockenlegung. Obwohl die Viehzüchter und Bauern über Jahrhunderte im Einklang mit dem Steppensee La Nava gelebt hatten, versuchten Politiker und Technokraten ebenfalls über Jahrhunderte, den See trockenzulegen. Sie träumten dabei von großen Ernten, und sie wollten als Kulturschöpfer in die Geschichte eingehen.

In den 50er Jahren war es dann so weit. Mit den nunmehr vorhandenen technischen und finanziellen Mitteln wurde der Steppensee vollständig entwässert. Seitdem standen nach starkem Regen nur noch ein paar Wiesen unter Wasser. Einige der an Wasser gebundenen Pflanzen und Tiere konnten in Gräben überdauern. Die meisten starben aus, und Vögel mussten sich auf ihrem Zug andere Rastplätze suchen.

Auch die Bewohner der Gegend hatten durch die Trockenlegung des Steppensees nur Nachteile. Den Viehzüchtern fehlte nun für Tausende ihrer Pferde, Rinder und Schafe das saftige Grün trockengefallener Seeteile, wenn es längere Zeit nicht geregnet hatte, und die als Jagdbeute beliebten Wasservögel blieben ebenso aus wie die großen Ernten. Die Region machte als Katastrophengebiet ständig negative Schlagzeilen. Mal vertrocknete das Getreide, mal verregnete die Luzerne.

La Nava – endowed with

A lake was buried

The worst that can happen to aquatic animals and plants is the draining of the lake they live in. Farmers and ranchers got along with the La Nava steppe lake for hundreds of years. Over the same period, though, politicians and technocrats wanted it drained. Dreaming of super harvests, they hoped to go down in history as "fathers" of a fantastic scheme.

These "smart alecs" got their way in the 1950s. With modern machinery and financial backing, La Nava was drained of its last drop of water. After heavy rainfalls, from then on only few meadows lay under water. Some water-related animals and plants did survive in ditches, however. Most died by the wayside, and migrating birds had to find new resting places.

Nor did the locals gain anything by the drainage. Soon enough, the ranchers discovered that their horses, cattle, and sheep needed a lake, especially in drought periods, and that waterfowl that had been previously hunted had gone. Bumper harvests were also a thing of the past. Spanish newspapers began toting negative headlines. Either the cereals dry up for lack of water or, in rainy years, the alfalfa crops are washed away.

La Nava

Partner Lebendige Seen
Entstehung

Alter
Trockenlegung
Wiedererstanden
Größe früher
      heute
Größte Tiefe
Meereshöhe
Einzugsgebiet
Zahl der Zuflüsse
Größter Zufluss
Abfluss
Salzgehalt
Niederschläge pro Jahr
Mittlere Lufttemperatur
Zugefroren

Staat
Vegetation
Vögel
  brütend am See

  rastend maximal

Säugetiere
Reptilien
Amphibien
Fische
Einwohner am See
Größtes Problem
Größter Erfolg

132-133:

1990 entstand der Steppensee La Nava neu.

In 1990: Revival of the steppe lake La Nava.

En 1990 se inició la recuperación de la Laguna de La Nava.

Links: 1998 wurde La Boada geflutet.

Left: In 1998: La Boada was flooded.

Izquierda: En 1998 se llenó de agua la Laguna de Boada.

new life La Nava recuperada

Fundacíon Global Nature
durch Flüsse in abflusslosem Becken
unbekannt
in den 50er Jahren
1990
30 bis 50 km²
4 km²
1,2 m
737 m über NN
864 km²
mehrere
Valdeginate
keiner
Süßwasser
400 mm
12° C
zeitweilig zwischen Dezember und November
Kastilien-León in Spanien
Steppe, Felder
211 Arten (Spanien 368 Arten)
65 Paar Kiebitze
40 Paar Stelzenläufer
13.500 Graugänse und 26.000 Stockenten
23 Arten
7 Arten
5 Arten
6 Arten
mehr als 4.000
die Seefläche ist zu klein
der trockengelegte See ist wieder da

Großtrappen brüten in der Agrarlandschaft rund um den See.

Great Bustards nest in the surrounding agricultural lake area.

Las avutardas crian en los cultivos alrededor del lago.

Se entierra un lago

Lo peor que les puede pasar a las plantas y animales de un lago es la desecación de éste. Si bien los ganaderos y agricultores habían vivido durante siglos en armonía con la laguna esteparia de La Nava, los políticos y tecnócratas intentaron también durante siglos desecar el lago. Soñaban con grandes cosechas y querían pasar a la historia como impulsores de la civilización.

En los años 50 llegó el momento. Con los medios técnicos y financieros ya entonces disponibles, la laguna esteparia fue desecada completamente. Desde entonces, tras las fuertes lluvias, tan sólo quedaban cubiertas por el agua un par de praderas. Algunas de las plantas y animales dependientes del agua pudieron subsistir en canales de desecación. La mayoría se extinguieron y las aves se vieron obligadas a buscar otros lugares de descanso y alimentación en su ruta de migración.

Los habitantes de la región también obtuvieron únicamente desventajas con la desecación. A los ganaderos les hacía falta, para sus miles de burros, caballos y ovejas, el pasto jugoso de las partes desecados de la laguna, que brotaba tras periodos de sequía. Las aves acuáticas favoritas para la caza habían dejado de acudir, al igual que los ánsares. La región aparecía constantemente reflejada en titulares fatalistas como zona catastrófica. O se secaba la cosecha de cereales o se inundaban los cultivos.

Wie Phoenix aus der Asche

Der junge Biologe und Naturschützer Fernando Jubete Tazo wollte sich mit dieser Situation nicht abfinden. Er fahndete nach alten Karten und fand dabei die Umrisse des früheren Sees. Dann recherchierte er bei Fachleuten und Behörden, ob und wie man den Steppensee wieder beleben könne. Diese Recherchen hatten Erfolg. Dank der Unterstützung durch die Umweltbehörde von Castilla y León wurden 1990 wieder 65 Hektar ständig und 310 Hektar periodisch unter Wasser gesetzt. 1998 bekam La Nava ein Geschwister: den Steppensee La Boada, der 14 Kilometer von La Nava entfernt liegt.

Über viele Jahre hat unsere Partnerorganisation Fundación 2001 Global Nature mit den Bürgermeistern von Fuentes de Nava und Fuentes de Boada verlässliche Partner, die mit ihren kleinen Gemeinden die Ziele der Naturschützer mit großem Einsatz unterstützt haben.

Like phoenix from the ashes

Fernando Jubete Tazo, a young biologist, could not reconcile himself to the situation. He found a map and traced the old outline of La Nava lake. He then sought advice and assistance from authorities and from experts in various fields. Eventually, his plans were crowned with success. Supported by the state authorities 1990 some

65 hectares permanently carry water, in rainy periods, 310 hectares are under water. Better still was to come. In 1998 a sister lake was born, La Boada, which is separated by 14 kilometres from La Nava.

For many years now, Fundación 2001 Global Nature, an associate of ours, has been on an excellent footing with the mayor of Fuentes de Nava and the mayor of Boada del Campo, who, together with their small communities, whole-heartedly support these conservation projects.

Como el ave fénix de sus cenizas

El joven naturalista Fernando Jubete Tazo no quiso resignarse a esta situación. Buscó mapas antiguos y dió con los contornos del antiguo lago. Luego investigó con especialistas y autoridades la posibilidad y modo de revivir nuevamente la laguna esteparia. Estas investigaciones tuvieron éxito. En colaboración con la Junta de Castilla y León se recuperó parte de la Laguna: Sesenta y cinco hectáreas están constantemente sumergidas desde 1990 y desde 1992, con la incorporación de la Junta de Castilla y León, hasta 310 hectáreas están recuperadas. Desde 1998, a La Nava le acompaña un hermano: la laguna esteparia de Boada de Campos, a 14 kilómetros de distancia.

A lo largo de muchos años, nuestro socio en España, la Fundación Global Nature, ha tenido en los alcaldes de Fuentes de Nava y Boada de Campos colaboradores de gran fiabilidad, quienes al frente de sus pequeñas comunidades han apoyado con gran entusiasmo los objetivos de los defensores de la naturaleza.

Die Natur kommt zurück

In kaum vorstellbar kurzer Zeit entdeckten Wat- und Wasservögel den wiederentstandenen See. Seit 1990 wurden hier 211 Vogelarten beobachtet. Das sind 56 Prozent aller in Spanien festgestellten Arten. Eine Kolonie von 40 Paar Stelzenläufern und 65 Paar Kiebitzen brüten am Steppensee La Nava.

Als in Spanien im Winter 1998/99 nach großer Trockenheit akuter Mangel an Überwinterungsplätzen für ziehende Wasservögel herrschte, führten La Nava und La Boada viel Wasser. Die Wasservögel reagierten auf diese veränderten Bedingungen sofort, indem 1998/99 die Zahl der im Bereich La Navas überwinternden Graugänse von bisher 4.000 auf 13.500 anstieg und die Zahl der Stockenten von 6.000 auf 26.000. Damit gehören La Nava und Boada zu den drei wichtigsten Überwinterungsgebieten für mittel- und nordeuropäische Graugänse.

La Nava

Living Lakes partner
Origin
Age
Drainage
Restoration
Original size
   – today
Sea level
Catchment area
In-flows
Largest in-flow
Out-flow
Salt content
Precipitation
Mean air temperature
Frozen over
Country
Vegetation
Birds

   – lake-side nesters

   – lake-side resters

Mammals
Reptiles
Amphibians
Fish
Local inhabitants
Biggest problem
Greatest success

Die Straße, die heute noch durch den See La Nava führt, soll verlegt werden.

The road crossing La Nava ought to be moved.

Está previsto desviar la carretera que atraviesa La Nava.

Partner Lebendige Seen:

Living Lakes partner:

Asociado de Lagos Vivos:

Fundacíon Global Nature
via rivers (in enclosed Basin)
unknown
during the 1950s
1990
30 to 40 sq. km
4 sq. km
737 m
864 sq. km
several
Valdeginate river
none
freshwater
400 mm p.a.
12°C
tempora
Spain (Castile-León)
steppe, fields
211 species (368 species in Spain)
65 pairs of lapwing (*Vanellus vanellus*)
40 pairs of black-winged stilt (*Himantopus himantopus*)
13,500 greylag goose (*Anser anser*)
26,000 mallard (*Anas platyrhynchos*)
23 species
7 species
5 species
6 species
more than 4,000
smallness of lake
restoration

Auf den Wiesen am See La Nava brüten viele Kiebitze.

Lots of lapwings nest in the meadows.

En los pastos que rodean La Nava anidan las avefrías.

Nature comes back

In an amazingly short period, waders and waterfowl re-discovered the new waters. In fact, since 1990 some 211 bird species have been counted. That means 56 per cent of the Spanish official list. A colony of 40 pairs of black-winged stilt (Himantops himantopus) and 65 pairs of lapwing (Vanellus vanellus) nests at La Nava.

In the winter of 1998/1999 a major drought hit Spain. As La Nava and Boada were brimful of water, migrating waterfowl that usually sojourned in other parts of the country altered their course. The customary number of greylag geese (Anser anser) rose from 4,000 to 13,500. And the number of mallard (Anas platyrhynchos) soared from 6,000 to 26,000. La Nava and Boada are now classified as two of the three most important "winter stopovers" for central and north European greylags.

El retorno de la naturaleza

Las aves acuáticas y zancudas descubrieron la laguna recuperada en un lapso de tiempo increíblemente breve. Desde 1990 se han observado 211 especies de aves. Esto supone el 56% de todas las especies observadas en España. Todos los años más de 40 parejas de cigüeñuelas y 65 parejas de avefrías crían en la Laguna de la Nava.

Durante el invierno de 1998/99, y tras un prolongado periodo de sequía, hubo en España una aguda carencia de territorios de invernada para aves acuáticas migratorias, pero sin embargo La Nava y Boada tenían mucho agua. Las aves acuáticas reaccionaron inmediatamente ante este cambio en las condiciones, aumentando la población de ánsares comunes que invernaba en la Nava de los usuales 4.000 ejemplares hasta 13.500 individuos, mientras que la población de ánades reales se incrementó de 6.000 a 26.000. Con ello, La Nava y Boada forman parte de los tres territorios de invernada más importantes para los ánsares centro y norte-europeos.

Globaler Rückenwind für La Nava

Bis Anfang 1999 war es für unsere Partnerorganisation Fundación 2001 Global Nature sehr schwierig, mit den regionalen Behörden in Castilla y León zusammenzuarbeiten. Das änderte sich 1999 schlagartig mit einer Konferenz des „Global Nature Fund" in Palencia. Plötzlich beachteten eine internationale Naturschutzstiftung, der „Global Nature Fund", und ein weltweit aktives Wirtschaftsunternehmen eine sonst eher benachteiligte Region. Damit wurde unsere Partnerorganisation Fundación Global Nature aufgewertet. Als erstes positives Ergebnis entstand ein Plan, der für La Nava/La Boada weitreichende Verbesserungen vorsieht. La Nava wurde inzwischen als Natura-2000-Gebiet bei der Europäischen Union notifiziert, womit der See nun auch unter internationalem Schutz steht. Noch umzusetzende Ziele sind die Vergrößerung der Wasserfläche der Seen, die Klärung der Abwässer, die in den See La Nava fließen, die Sanierung eines Müllplatzes am Rand des Sees, die Vergrößerung des Schutzgebietes, in dem nicht gejagt werden soll. Darüber hinaus will der „Global Nature Fund" in großen Zonen um den See eine extensive Bewirtschaftung erreichen, anstelle einer intensiven, um den diffusen Eintrag von Pestiziden und Nährstoffen zu vermindern. Das geht natürlich nur, wenn die Landwirte dafür eine Förderung der Europäischen Union erhalten.

Global support for La Nava

Until early 1999, our Spanish associates found it annoyingly difficult to work with the authorities in Castilla y León. The situation changed "with a bang" when the Global Nature Fund conference was staged in Palencia. Out of the blue, an international nature association, the Global Nature Fund, and an international business enterprise paid attention to a rather underprivileged region. This helped enormously our partner organisation, Fundación Global Nature. A paper was drawn up with proposals for improvements to both La Nava and La Boada. Meanwhile EU noted la Nava as a "Natura 2000" region, so now this lake is under international protection as well. Future objectives include: lake enlargement, purification of in-flowing waste, removal of a nearby rubbish dump, protected area and no-hunting area extension. GNF strives for extensive agriculture instead of intensive farming in order to reduce the amount of pesticides and nutrients used around the lakes. Such a programme, of course, would only work if the European Union paid ample compensation..

Impulso global para La Nava

Hasta principios de 1999, a nuestra organización asociada Fundación Global Nature, le resultó muy difícil colaborar con las autoridades regionales de Castilla y León. Sin embargo, tras una conferencia del Global Nature Fund organizada en Palencia en 1999, se produjo el cambio esperado. Repentinamente una organización ecologista internacional, el Global Nature Fund, y una empresa multinacional como Lever se interesaban por una región normalmente poco favorecida y apoyaban los objetivos de la Fundación Global Nature. Como primer resultado positivo surgió un documento que prevé extensas mejoras para La Nava y Boada. Entretanto, la laguna La Nava ha sido registrada ante la Unión Europea como territorio Natura-2000, con lo que se encuentra ahora también bajo protección internacional. No obstante, aún hay numerosos objetivos por alcanzar, como la extensión de la superficie de los lagos, la

La Nava

Socio de Lagos Vivos
Origen
Antigüedad
Desecación
Recuperación
Extensión anterior
         actual
Mayor profundidad
Altitud
Cuenca
Numero de afluentes
Afluente más importante
Salida o desagüe
Concentración salina
Precipitaciones anuales
Temperatura media anual
  del aire
Congelado
Presencia de hielo

Estado
Vegetación
Aves

- Nidificando en la laguna

- Máximo número de
  Invernantes
Mamíferos
Reptiles
Anfibios
Peces
Habitantes en el lago
Mayor problema

Mayor éxito

Beobachtungsplattform am See La Boada.

Observation post at Lake La Boada.

Plataforma para la observación de aves en la Laguna Boada.

Fundación Global Nature
Cuenca endorreica
desconocida
durante los años 50
1990
30 a 40 km²
4 km²
1,2 m
737 m sobre nivel del mar
864 km²
varios
Valdeginate
ninguna
Agua dulce
400 mm
12° C

nunca
Temporalmente de diciembre a febrero
Castilla y León, España
Esteparia y campos de cultivo
211 especies (368 especies en España)
65 parejas de avefrías
40 parejas de cigüeñuelas
13.500 ánsares comunes,
26.000 ánades reales
23 especies
7 especies
5 especies
6 especies
Más de 4.000
superfície muy pequeña, eutrofización
el lago desecado existe de nuevo

Auf den Seen La Nava und La Boada überwintern bis zu 13.500 Graugänse.

Up to 13,500 grey-lag geese winter at La Nava and La Boada.

En La Nava y Boada invernan hasta 13.500 ánsares comunes procedentes del Norte de Europa.

depuración de las aguas residuales vertidas en la laguna, el sellado de un vertedero de basura situado en el centro de la laguna, así como la ampliación de la zona de veda de caza. Aparte de esto, la Fundación Global Nature pretende lograr la sustitución de los cultivos intensivos por una agricultura extensiva en grandes áreas circundantes, con el fin de reducir la incorporación de pesticidas y fertilizantes al agua de la laguna. Naturalmente, esto sólo será posible si los agricultores reciben una subvención de la Unión Europea.

Signale für erfolgreichen Naturschutz

In Spanien wurden in den letzten 50 Jahren 60 Prozent der Feuchtgebiete zerstört. Umso wichtiger sind Erfolgsgeschichten wie die über La Nava/La Boada, die das eindeutige Signal setzen: Im Naturschutz ist viel zu bewegen. Er muss nur klug, offensiv und frech-solide betrieben werden.

Mit dem Erfolgskonzept La Nava/Boada lässt sich in Spanien und in vielen anderen Ländern wuchern. Das geschieht auch schon mit dem Auftrag der Europäischen Union an die Fundación Global Nature, in Zentralspanien drei weitere Lagunen zu sanieren.

Signals for effective nature protection

Over the last 50 years, Spain destroyed 60% of her wetlands. All the more up-lifting are successes like La Nava/Boada. They flash the right signals. More can be done if the approach is shrewd, offensive, and impudently sound. What was achieved in Palencia can be achieved elsewhere. Let us exploit our resources. Wheels are already rotating, as the European Union commissioned Fundación Global Nature to reclaim another three Spanish lakes.

Señales de una conservación exitosa

Durante los últimos 50 años se han destruido en España el 60% de todos los humedales existentes. Precisamente por esto cobran más importancia los logros obtenidos en lugares como La Nava y Boada, ya que muestran con claridad que aún hay mucho que hacer en el terreno de la protección ambiental. Sólo hay que actuar de manera inteligente, activa y consistente. La idea exitosa de La Nava y Boada puede resultar de mucho provecho tanto en España como en otros países. Y ya está dando sus frutos: la Unión Europea apoya a la Fundación Global Nature en el proyecto de restauración de las tres lagunas de Villacañas en la zona centro de España.

Tengis-See/Kurgaldschiner Seen   *Lake Tengiz/Kur-*

Schnittstelle zwischen Europa und Asien

Der Tengis-See liegt in Kasachstan, einem Land, das im Osten an China und im Westen und Norden an Russland grenzt. Kaum jemand in Europa und Amerika kennt Kasachstan, obwohl es das neuntgrößte Land der Welt ist. Immer stand es unter Fremdherrschaft von Türken, Chinesen, Arabern, Mongolen oder Russen. Heute ist es ein Vielvölkerstaat mit 15 Millionen Einwohnern und über einhundert verschiedenen Volksgruppen. Kasachstan ist achtmal so groß wie Deutschland. Über 80 Prozent des Landes sind Wüsten, Halbwüsten und Steppen. Nur 13 Prozent des Landes sind landwirtschaftlich nutzbar. Unter den Böden Kasachstans liegen riesige Mengen von Bodenschätzen: Erdöl, Kohle und Erdgas.

Ursprünglich waren die Kasachen Nomaden, die extensive Viehwirtschaft betrieben. Diese Lebensweise passte nicht in das Konzept der Sowjetideologie. Die Zwangskollektivierung trieb viele Kasachen mit ihren Herden nach China, wo noch heute eine Million Landsleute von ihnen leben. Ende 1991 erklärte Kasachstan seine staatliche Unabhängigkeit. Die größten Hypotheken aus der kommunistischen Zeit sind Umweltzerstörungen, wie die Austrocknung und Verseuchung des Aralsees und die Verstrahlung in dem Atomwaffentestgebiet im Norden des Landes. Steppengebiete von der Größe Deutschlands wurden umgepflügt und trotz geringer Niederschläge als Äcker genutzt. Die Erträge waren kläglich und die ökologischen Folgen durch Erosion und Humusabbau dramatisch. Nach der Aufgabe der unrentablen Bewirtschaftung erobern Pflanzen und Tiere der Steppe die ehemaligen Äcker zurück.

Kazakhstan: Division between Europe and Asia

Lake Tengiz is in Kazakhstan, a country that, to the east, borders on China and, to the west and north, on Russia. Very few people in Europe or America know Kazakhstan, despite the fact that Kazakhstan is the world's ninth largest country. A region that was everlastingly under foreign rule – conquered by the Turks, Chinese, Arabs, Mongols or Russians. Today

Flamingos brüten auf flachen Inseln im Tengis-See.

The islands in Lake Tengiz host a great number of nesting Flamingos.

Miles de flamencos crían en las islas del Lago Tengis.

galdshin lakes   Lago Tengis/Lagos de Kurgaldjin

Kazakhstan has 15 million inhabitants, split up into over 100 ethnic groups. This country is eight times the size of Germany. More than 80 per cent of its terrain is desert, semi-desert, or steppe. Of this, only 13 per cent is used agriculturally. Deep under the crust, though, slumber enormous quantities of oil, coal, and natural gas.

Originally, the Kazakhs were nomads, people who practise an extensive type of livestock farming. A lifestyle that did not suit the Soviet ideology. Soviet collectivism drove many Kazachs with their herds into China, where a million of them have settled permanently. Late 1991 Kazakhstan declared its independence. A Communist "legacy" is environmental devastation in the form of desiccation and contamination of the Aral Sea, as well as in the form of radiation at an atomic-weapons test site to the north of the country. Steppes as large as Germany, slit open by the plough, served as cropland – despite the long drought periods. Ecologically, this project was a disaster, the yield negligible, due to loss of humus and erosion. As farming did not pay off, the scheme had to be abandoned. Native plants and animals particularly in the south capture the former fields back.

Kazajstán: Frontera entre Europa y Asia

El lago Tengis se encuentra en Kazajstán, un país que limita al Este con China y al oeste y al norte con Rusia. Casi nadie en Europa ó América conoce Kazajstán, aunque es el noveno país más grande del mundo. Siempre estuvo bajo dominación extranjera, ocupado por turcos, chinos, árabes, mongoles o rusos. Hoy es un estado multiétnico con 15 millones de habitantes y más de cien grupos étnicos diferentes. Kazajstán es ocho veces mayor que Alemania. Más del 80% del territorio está constituido por desiertos, semidesiertos y estepas. Sólo un 13% de las tierras son cultivables. Bajo la superficie de Kazajstán se encuentran inmensas cantidades de tesoros minerales: petróleo, carbón y gas natural.

In der Steppe rund um den Tengis-See brüten Jungfernkraniche.

Around the shores nest Demoiselle cranes.

La grulla damisela anida en las estepas que rodean el Lago Tengis.

Los kazajs eran originariamente nómadas que se dedicaban a la ganadería extensiva. Esta forma de vida no se ajustaba en nada a la ideología soviética. La colectivización obligatoria condujo a muchos habitantes de Kazajstán con sus rebaños hacia China, donde aún viven hoy en día un millón de ellos. A finales de 1991 Kazajstán declaró su independencia como Estado. Las mayores secuelas de la época comunista son las agresiones medioambientales, como la desecación y contaminación del lago Aral, así como la radiación nuclear en el territorio de ensayos nucleares en el norte del país. Territorios esteparios del tamaño de Alemania fueron labrados y destinados a campos de cultivo a pesar de las escasas precipitaciones. Los resultados fueron penosos y las consecuencias ecológicas dramáticas, a causa de la erosión y la destrucción del humus. Tras el abandono de una explotación tan poco rentable, las plantas y los animales de la estepa volvieron a reconquistar los antiguos campos de cultivo.

Letzte intakte Steppen

Von der Donau-Mündung bis an den sibirischen Fluss Amur erstreckt sich die euro-sibirische Steppenzone, die bis zu tausend Kilometer breit ist. Steppen sind baumlose Graslandschaften mit extremem Klima. In den kasachischen Steppen ist es im Sommer heiß und trocken und im Winter bis minus 40 Grad Celsius kalt. Unter diesen Bedingungen konnte der Mensch nur das nachahmen, was ihm Wildpferde, Wildkamele und Saiga-Antilopen vormachten: Beweidung mit Schafen, Pferden und Kamelen. Gleich nach der Schneeschmelze ist die Steppe ein Blütenmeer von Wildtulpen, und das Federgras mit seinen langen Grannen zeigt dem Kundigen an: Die Welt der Pflanzen ist so, wie sie von Natur aus ist. An Gehölzen wachsen hier allenfalls Spiersträucher, die höchstens einen Meter hoch werden.

Last intact steppes

The Euro-Siberian steppe stretches from the Danube estuary to the Siberian Amur river, a zone, the width of which can measure up to a thousand kilometres. Steppes are treeless grasslands that labour under an extreme climate. Kazakhstan has hot, dry summers, but bitterly cold (-40°C) winters. The steppe dwellers had no other choice. They followed the example of the wild horse, wandering camel, and saiga antelope. That is, they used the steppe to maintain their own herds. As soon as the snow thaws, the barren ground becomes a sea of blossom. To the initiated, wild tulips and awned plume grass signal that "nature" has come home to stay. Spiraea, the only shrub, can reach a height of one metre.

Tengis-See/Kurgald-
Partner Lebendige Seen

Entstehung
Größe

Größe Schutzgebiet
Wassermenge
Größte Tiefe
Meereshöhe
Einzugsgebiet
Zahl der Zuflüsse
Größter Zufluss
Abfluss
Salzgehalt Tengis
- Kurgaldschiner Seen
Niederschläge pro Jahr
Mittlere Jahreslufttemp.
Zugefroren
Staat
Vegetation Einzugsgebiet
Vögel am und im See
- davon brütend
- darunter

- maximal rastend

Einwohner am See
Größtes Problem
Größter Erfolg

Prachtvolle Jurte in der Steppe.

Splendid steppe tent (Jurte).

Magnífica cabaña tradicional en la estepa.

Partner Lebendige Seen:

Living Lakes partner:

Asociado de Lagos Vivos:

...schiner Seen

Kurgaldschinski
Goszapovednik, Kasachstan
Naturschutzbund Deutschland
Tektonik
1.590 km² (Tengis-See)
330 km² (Kurgaldschiner Seen)
2.580 km²
2.860/450 Mio. m³
6 m
304 m über NN
94.900 km²
3
Nura
keiner
30 – 40 g/l
schwach salzig
200 – 350 mm
2,8° C
November bis April
Kasachstan
Steppe, Äcker, Brache
325 Arten
130 Arten
500 Paar Krauskopfpelikane,
2.000 Paar Fischmöwen
bis zu 14.000 Paar Flamingos
270.000 Brandgänse, 100.000 Schellenten, 500.000 Odinshühnchen
20.000
Wasserentnahme aus Zufluss
Aufnahme in Projekt zum Schutz nationaler Feuchtgebiete

Pferde sind auf den Sommerweiden das wichtigste Verkehrsmittel.

Horses are the most important means of transportation.

Los caballos son el medio de transporte más importante en las estepas.

Ultimas estepas intactas

Desde la desembocadura del Danubio hasta el río ruso Amur se extiende la región esteparia euro-siberiana, que tiene hasta mil kilómetros de ancho. Las estepas son llanuras herbáceas desprovistas de árboles y con clima extremo. El verano en las estepas del Kazajstán es cálido y seco, y en invierno la temperatura desciende hasta −40° centígrados. En estas condiciones el ser humano únicamente podía imitar aquello que le sugerían los caballos, los camellos salvajes y los antílopes Saiga: el pastoreo de ovejas, caballos y camellos. Justo tras el deshielo, la estepa se convierte en un mar de flores de tulipanes salvajes, mientras el esparto anuncia con sus largas aristas al observador que el mundo de las plantas está tal y como es por naturaleza. Aquí crecen en los bosquecillos ulmarias que alcanzan a lo sumo un metro de altura.

Wasser in der Steppe

Da, wo es in der Steppe von Natur aus Flüsse und Seen gibt, entstehen geradezu explosionsartig Angebote von Nahrung, vor allem für Vögel. Im Tengis-Gebiet kommen weitere günstige Bedingungen hinzu: Der See ist riesig, dreimal so groß wie der Bodensee, mit ungestörten Inseln. Er ist, da abflusslos, salzig, und daneben liegen die vom Nura-Fluss durchströmten Kurgaldschiner Seen. Da sie einen Zu- und Abfluss haben, ist ihr Wasser süß. Das wiederum erlaubt es Schilf, hier zu wachsen und Fischen, hier zu leben. So entstanden an den Kurgaldschiner Seen riesige Schilfwälder mit einem großen Reichtum an Fischen und Wasservögeln. Schließlich: Große Teile der Seenlandschaft stehen seit 1968 unter strengem Schutz, der konsequent eingehalten wurde. Die Kasachen bewahrten ihre Seen in der Tengis-Region und den Fluss Nura weitgehend vor menschlichen Eingriffen. Das ist eine besondere Leistung, die große Anerkennung verdient, denn fast alle anderen Steppenseen auf der nördlichen Halbkugel wurden von Menschen zerstört.

Water in the steppe

If blessed with a river or lake, a steppe explodes into a startling array of verdancy. No longer is there a scarcity of food, especially for birds. The Tengiz area has conditions that are even more favourable. The lake is gigantic, three times as large as Lake Constance, and it is dotted with undisturbed islets. The water is salty, for an out-flow is lacking. Not far away are the Kurgaldshin lakes, fed by the Nura river. Having both an in-flow and an out-flow, these lakes always contain fresh water. Reeds grow abundantly, so fish can thrive.

A wonderful location for water birds! 1968 the government placed large sections under protection. Evidence that the Kazakhs are taking the matter seriously! An effort that deserves our praise, since, in the northern hemisphere, most steppe lakes have been vandalised.

Agua en la estepa

Allí donde existen de manera natural ríos y lagos en la estepa, surgen de manera casi explosiva ofertas de alimento, sobre todo para las aves. En el territorio del Tengis se suman además otras condiciones favorables: el lago es gigantesco, tres veces mayor que el lago Constanza, con islas intactas. Al carecer de desagüe, es un lago salino y en sus proximidades se encuentran situados los lagos Kurgaldjin, atravesados por el río Nura. Como estos si poseen alimentación y desagüe, su agua es dulce. Esto permite a su vez que crezcan las cañas y que habiten aquí los peces. Así surgieron en los lagos del Kurgaldjin inmensos cañaverales con una gran riqueza en peces y aves acuáticas. Por último, grandes zonas de la región lacustre se encuentran desde 1968 bajo una estricta protección que se ha mantenido de manera consecuente. Los kazajs protegen ampliamente sus lagos de la región del Tengis y el río Nura contra la intervención del ser humano. Se trata de un logro singular que merece gran reconocimiento, ya que casi todos los demás lagos esteparios del hemisferio norte han sido destruidos por el Hombre.

Große Vielfalt an Pflanzen und Tieren

Im Gebiet des bisherigen Schutzgebietes haben kasachische und deutsche Biologen

Lake Tengiz/Kurgald-
Living Lakes Partners

Origin
Size
Protected area
Water volume
Greatest depth
Sea level
Catchment area
In-flows
Largest in-flow
Out-flow
Salt content Tengiz/Kurgald.
Mean precipitation
Mean air temperature
Frozen over
Country
Surrounding area
Birdlife,
Nesters,

Resting (max.)

Residents
Biggest problem

Greatest success

shin lakes
Kurgaldshinski Goszapovednik, Kazakhstan; Naturschutzbund Deutschland
tectonic
1,590/330 sq. kilometres
2,580 sq. kilometres
2,860/450 mil. cubic m.
6 metres
304 metres
94,900 sq. kilometres
3
Nura river
None
30-40 g/litre/low salty
200-350 mm p.a.
2,8° C
November to April
Kazakhstan
steppe, fields, fallow land
325 species on/around the lake
130 species, including 500 p. dalmatian pelican, 2000 p. great black-headed gull, up to 14,000 p. flamingos, 270,000 shelduck, 100,000 goldeneye, 500,000 Rednecked phalarope
20,000
Withdrawal of water from in-flowing river
Acceptance by Wetlands National Protection Project

Links oben: Steppenbewohner Perlziesel.

Left above: Ground-squirrels inhabit the steppe.

Las aroillas de tierra habitan en las estepas.

Links unten: Schrenks Tulpen blühen in vielen Farben.

Left below: Richly coloured tulips in flower.

Abajo izquierda: Tulipanes de todos los colores.

Rechts: Am Tengis-See brüten bis zu 2.000 Paar Fischmöwen.

Right: Lake Tengiz hosts up to 2000 nesting pairs of Great Black-headed gull.

Derecha: En el Lago Tengis crian 2000 parejas de gavión cabezinegro.

bisher 340 Pflanzenarten, 318 Vogelarten und 50 Säugetierarten festgestellt. Unter den Säugetieren sind Saiga-Antilope und Steppenwolf besondere Kostbarkeiten. Auf Inseln im Tengis-See brüten 500 Paare des weltweit bedrohten Krauskopfpelikans, bis zu 14.000 Paar Rosaflamingos und 1.300 Paar Fischmöwen. Um den See herum nisten Steppenadler und Jungfernkraniche.

Great variety of animals and plants

In the marked-off zone, Kazakh and German biologists counted 340 plant, 318 bird, and 50 mammal species. Especially precious are the saiga antelopes and steppe wolves. The islands in Lake Tengiz host 500 nesting pairs of Dalmation pelican (P. crispus), otherwise a global threatened species; up to 14,000 pairs of greater flamingo (Phoenicopterus ruber), and 1,300 pairs of great black-headed gull (Larus ichthyaetus). Around the shores nest steppe eagles (Aquila nipalensis) and demoiselle cranes (Anthropoides virgo).

Diversidad de plantas y animales

En el territorio de la zona actualmente protegida, biólogos kazajs y alemanes han contabilizado hasta ahora 340 especies de plantas, 318 especies de aves y 50 especies de mamíferos. Entre los mamíferos destacan particularmente el antílope Saiga y el lobo. En islas del lago Tengis anidan desde 500 parejas del pelícano ceñudo, especie mundialmente amenazada, hasta 14.000 parejas de flamencos rosas y 1.300 parejas de gaviotas. Alrededor del lago anidan el águila estaparia y la grulla damisela.

Drehscheibe des Vogelzugs

Der Tengis-See und die Kurgaldschiner Seen liegen auf zwei Flugrouten wandernder Vögel, die aus ihren Brutgebieten in der sibirischen Tundra und Taiga zum Kaspischen Meer, Persischen Golf, nach Westeuropa, zum Mittelmeer oder nach Afrika ziehen. Eine weitere Route führt nach Indien und Pakistan. Da die Brutgebiete dieser Vögel riesengroß und geeignete Rastplätze selten sind, rasten gewaltige Schwärme von Wasservögeln in der Tengis-Seenlandschaft. Viele wechseln hier ihre abgenutzten Federn (sie mausern) und fliegen nach einigen Wochen gut genährt weiter nach Süden. Kasachische und deutsche Vogelkundige haben hier bis zu zwei Millionen Wasservögel in einem Jahr festgestellt, darunter 25.000 Schwarzhalstaucher, 200.000 Blässgänse, 270.000 Brandgänse, 34.000 Krickenten, 36.000 Tafelenten, 100.000 Schellenten und 500.000 Odinshühnchen.

Stopovers for migratory birds

Lake Tengiz and near-by lakes lie beneath two migratory routes, along which birds, returning from their breeding grounds in the Siberian tundra and taiga, fly to the Caspian Sea, to the Persian Golf, or to western Europe. Some continue to the Mediterranean basin or Africa. The other route takes the birds to India and Pakistan. As sojourns are scarce in and around the breeding grounds, uncountable swarms of water birds land on Lake Tengiz and on the adjacent lakes. Many moult here. Rested and well fed a few weeks later, they journey on southbound. Kazakh and German ornithologists logged as many as two million water birds in one year, including 25,000 black-necked grebes (Podiceps nigricollis), 200,000 white-fronted geese (Anser albifrons), 270,000 shelducks (Tadorna tadorna), 34,000 teals (Anas crecca), 36,000 pochards (Aythya ferina), 100,000 goldeneyes (Bucephala clangula), and 500,000 red-necked phalaropes (P. lobatus).

Plataformas en la migración de las aves

El lago Tengis y los lagos del Kurgaldjin están situados en dos rutas de vuelo de aves migratorias, que migran desde sus territorios de cría en la tundra y la taiga siberiana hacia el Mar Caspio, el Golfo Pérsico, Europa occidental, el Mediterráneo o Africa. Otra ruta se dirige hacia la India y Pakistán. Dado que los territorios de cría de estas aves son inmensos y que los lugares de descanso son escasos, en la zona lacustre del Tengis descansan gigantescas bandadas de aves acuáticas. Muchas mudan aquí su plumaje y unas semanas después vuelan bien alimentados hacia el sur. Ornitólogos kazajs y alemanes han contabilizado aquí hasta 2 millones de aves acuáticas en un año, entre ellas 25.000 zampullines cuellinegros, 200.000 ánsares caretos grandes, 270.000 tarros blancos, 34.000 cercetas comunes, 36.000 porrones comunes, 100.000 porrones osculados y 500.000 falaropos picofinos.

Kasachstan braucht Hilfe

Das bestehende Schutzgebiet „Kurgaldschinski Zapovednik" ist 2.580 Quadratkilometer groß. Nach den Vorstellungen der kasachischen Regierung und des Naturschutzbund Deutschland (NABU) soll hier ein zehnmal größeres Biosphärenreservat entstehen. Parallel dazu will die Regierung, dass die UNESCO das Seengebiet als Weltnaturerbe anerkennt.

Die Kasachen haben die Tengis-Region als Welterbe der Menschheit bewahrt. Als armes Land braucht Kasachstan dafür die Unterstützung der reichen Länder. Hierbei wollen die Partner des Projekts Lebendige Seen helfen.

Lago Tengis / Lagos

Asociado Lagos Vivos

Origen
Extensión
Extensión zona protegida
Volumen de agua
Profundidad máxima
Altitud sobre el nivel del mar
Cuenca
Numero de afluentes
Afluente mayor
Salidas ó desagües
Salinidad Tengis
Lagos de Kurgaldjin
Precipitaciones anuales
Temp. ambiental media anual
Completamente congelado
Estado
Vegetación de la cuenca

Aves en y cerca del lago
de ellas anidando

Aves invernantes

Habitantes en el lago
Mayor problema

Mayor éxito

Halbwilde Pferde der Kasachen müssen arbeiten und sind ihre Nahrungsgrundlage.

Half wild horses are both workhorses and basic source of food for the Kazahks.

Los caballos asilvestrados sirven a los kazajs para el trabajo y como fuente de alimentación.

de Kurgaldjin

Kurgaldschinski
Goznapovednik, Kazajstán;
Asociación para la defensa de
la Naturaleza – Alemania
Tectónico
1.590/330 km²
2.580 km²
2.860/450 millones de m³
6 m
304 m
94.900 km²
3
Nura
Ninguna
30 – 40 gr/l.
baja salinidad
200 –350 mm
2,8° C
Desde noviembre hasta abril
Kazajstán
Estepa, campos de cultivo,
barbecho
325 especies
130 especies entre ellas 500
parejas de pelícanos ceñudos,
2.000 parejas de gaviotas
270.000 tarros blancos,
100.000 porrones osculados,
500.000 falaropos picofino
20.000
Extracción de agua del
afluente
Inclusión en el proyecto para
la defensa de las zonas
húmedas nacionales

Oben: Am Tengissee wächst
Queller wie im Watt der
Nordsee.

Above: *Salicornia europea is
found at Lake Tengiz and in the
mud flats of the North Sea alike.*

En las orillas del Lago Tengis se
encuentra la Salicornia europea.

Unten: Kleiner Steppensee.

Below: Small steppe lake.

Abajo: Pequeño lago esteparo.

Kazakhstan needs help

The protected zone "Kurgaldshinski Zapovednik" covers an area of 2,580 square kilometres. According to the wishes of the Kazakh government and to those of NABU (a German Wildlife Protection Society), a "biosphere sanctuary" ten times larger should be created. A project, the government hopes, that will be recognised by UNESCO as a World Natural Heritage.

To the utmost of their powers, the Kazakhs have saved and preserved the Tengiz region, an act that benefits the whole of mankind. Kazakhstan not being a rich country, money and support are desperately needed. Our "living lakes" associates intend to help.

El Kazajstán necesita ayuda

El territorio protegido denominado "Kurgaldschinski Zapovednik" tiene una extensión de 2.580 kilómetros cuadrados. Según las previsiones del gobierno del Kazajstán y de la Asociación para la Defensa de la Naturaleza de Alemania (Naturschutzbund Deutschland – NABU) aquí surgirá una reserva biológica diez veces mayor. Paralelamente, el gobierno quiere que la UNESCO reconozca la zona de los lagos como Reserva Natural de la Biosfera.

Los kazajs han preservado la región del Tengis como legado de la humanidad. Al tratarse de un país pobre, Kazajstán necesita para ello el apoyo de los países ricos. En este aspecto van a colaborar los socios de la red Lagos Vivos.

Pantanal

Pantanal

Größtes Feuchtgebiet der Welt

Das Pantanal ist mit 140.000 Quadratkilometern das größte Feuchtgebiet der Welt. Zum Vergleich: Griechenland ist 132.000 Quadratkilometer groß. Geprägt wird das Pantanal von riesigen Überschwemmungen, die in der Regenzeit von dem träge fließenden Paraguay-Fluss und dem Netz seiner Nebenflüsse ausgehen.

Pantanal ist der portugiesische Name für Morast oder Sumpf, obwohl es nur im Süden der Region vereinzelte Sümpfe gibt. Außerhalb der Regenzeit sind große Gebiete des Pantanals sogar ausgesprochen wasserarm. Die riesige Wasserlandschaft verwandelt sich dann in hitzeflimmernde Savannen. Grüne Vegetation findet man während der Trockenzeit nur in Senken, an unzähligen großen und kleinen Seen und an den Flüssen.

Entsprechend vielfältig ist die Pflanzenwelt: immergrüner Regenwald im Einzugsgebiet des Paraguay-Flusses, halb immergrüne bis regengrüne Wälder auf der Hochfläche im Westen, Trockenwälder und Grassavannen im Hochland und im Tiefland, mäandrierende Flüsse mit Dammuferwäldern, Termitensavannen, kleine und große Seen zu Bolivien hin und Salzwasserlagunen im Süden. Der jährliche Wechsel von Regen- und Trockenzeit erfordert von Pflanzen extreme Anpassungen, während Tiere vor allem gut schwimmen oder fliegen können müssen.

Das grandiose Pantanal ist das größte Feuchtgebiet der Welt.

The fabulous Pantanal is the world's largest wetland.

El Pantanal es la zona húmeda más grande del mundo.

Pantanal

World's largest wetland

Covering a region of 140,000 square kilometres, the Pantanal is the world's largest wetland. Greece, in comparison, is measuring 132,000 square km. This area is characterised by heavy, seasonal rainfall and massive flooding, fed by the sluggish waters of the Paraguay and its tributaries.

The word "Pantanal" is Portuguese for swamp, although, strictly speaking, the isolated perennial swamps lie in the southern part of the region. In the dry seasons, large areas are virtually waterless. This gigantic waterscape then turns into a savannah shimmering with heat. Then green vegetation can be found only on low ground, in numerous large and small lakes, ponds, and in rivers.

Plant life is highly varied. Always green are the rain forests in the headwater area of the Paraguay river. In the west, plateaux provide a home for semi-evergreen trees and shrubs – right through to trees and shrubs that become green only when rain falls. Xyrophyte (dry) forests and grassy savannahs are confined to the low-lying regions. Meandering streams ripple through wooded embankments. Nearer to Bolivia, there is a multiplicity of lakes of all sizes; and there are termite savannahs, too. Towards the south lie salt-water lagoons. Obviously, extreme adaptation is demanded of plant life, regarding wet and dry seasons. Animals must be strong swimmers or nifty fliers to survive.

La mayor zona húmeda del mundo

Con 140.000 kilómetros cuadrados de extensión, el Pantanal es la mayor zona húmeda del mundo. A título comparativo, Grecia tiene una superficie de 132.000 kilómetros cuadrados. El Pantanal está condicionado por inmensas inundaciones que provienen en época de lluvias del lento río Paraguay y de su red de afluentes.

Pantanal es el nombre portugués para pantano, aunque sólo en el sur de la región existen grandes pantanos durante todo el año. Fuera de la estación lluviosa hay grandes zonas del Pantanal donde el agua escasea especialmente. El inmenso paisaje acuático se transforma entonces en sabanas ardientes. Durante la época seca se encuentran plantas verdes sólo en depresiones del terreno, junto a incontables lagos grandes y pequeños y en las proximidades de los ríos.

El mundo de las plantas es igualmente diverso: bosque lluvioso perenne en la región del nacimiento del río Paraguay, bosques semiperennes y de hoja caduca sobre la meseta en el oeste, bosque seco y sabanas herbáceas en las tierras altas, y en las tierras bajas ríos en meandros con bosques de ribera, sabanas de termitas, lagos grandes y pequeños hacia Bolivia y lagunas de agua salada en el sur. El cambio anual de la estación de lluvias a la estación seca exige adaptaciones extremas por parte de las plantas, mientras que los animales han de saber nadar o volar bien.

Tierreichtum in Südamerika

Die Vielfalt und Größe der Lebensräume im Pantanal ist außergewöhnlich groß. Entsprechend arten- und individuenreich ist die Tierwelt. Riesige noch nie gezählte Scharen von Wat- und Wasservögeln vom nordamerikanischen Subkontinent überwintern hier, und viele Vögel und Säugetiere ziehen ihre Jungen auf. Dazu ein paar spektakuläre Beispiele: Brillenkaimane und Komodos sind weit verbreitet. An den Ufern geht die Gelbe Anakonda auf Jagd. Für Amerikanische Schlangenhalsvögel, Cocoi-Reiher, den Storch Jabiru, den

Oben: Brillenkaimane sind für Menschen ungefährlich.

Above: Spectacled cayman are causing no harm to man.

Arriba: El caimán no es peligroso para el hombre.

Links: Blick auf einen der unzähligen Seen im Pantanal.

Left: A view over one of the innumerable lakes in the Pantanal.

Izquierda: Uno de los lagos innumerables del Pantanal.

Rechts: Mähnenwölfe gelten als schönste Vertreter der Wildhunde.

Right: Maned wolf is considered the most beautiful specimen of wild dog.

Derecha: El lobo de melena larga es una de las especies más bonitas entre los cánidos silvestres.

Waldstorch und den Rallenkranich ist der Tisch reich gedeckt mit Fischen, Krebsen und Schnecken. Auf trockenen Flächen leben die flugunfähigen Nandus. Sowohl an Land wie im Wasser ist der Flachlandtapir zu Hause. In den Wäldern jagen Jaguare. Insgesamt gesehen ist die Vielfalt der großen Tiere mit der in Afrika vergleichbar.

Variety of species in South America

Breathtaking: the size of the Pantanal – its variety of species. Flocks of waders and waterfowl from America and Canada, so unbelievably immense that nobody has counted them, spend the winter months here. Many birds and mammals raise their young here. Omnipresent are the spectacled caymans and giant monitors, for example. The yellow anaconda lurks nearby, waiting for that succulent morsel. Anhinga (A. anhinga), white-necked heron (Ardea cocoi), jabiru (J. mycteria), wood stork (Mycteria americana), and limpkin (Aramus guarauna), swamp birds, never need worry about their next meal.

Of course, the rheas (R. americana), flightless ostrich-like birds, stick to terra firma.

The plains tapir noses around in areas between land and water. The jaguar is the "kingpin" of the woods. Summing up, the variety of large animals here is comparable to that seen in Africa.

Variedad de especie en Suramérica

La diversidad y dimensiones de los hábitats en el Pantanal es increíblemente grande. En correspondencia, la fauna es muy abundante tanto en especies como en individuos. Bandadas inmensas jamás censadas de zancudas y aves acuáticas del continente norteamericano invernan aquí, y muchos grandes reptiles, aves y mamíferos tienen aquí su territorio de cría. De ello, un par de ejemplos espectaculares: los caimanes y los varanos gigantes están ampliamente extendidos. En las riberas caza la anaconda amarilla. La mesa está opulentamente servida con peces, cangrejos y caracoles para las aves americanas de cuello largo como la garza morena, el garzón soldado o jabirú, la cigüeña de bosque y las grullas trompeteras. En las llanuras secas viven los ñandús, incapaces de volar. En las zonas intermedias entre la tierra y el agua habita el tapir, y en los bosques cazan los jaguares. Contemplada en su totalidad, la variedad de grandes especies es comparable a la existente en Africa.

„Goldgräber" bedrohen Mensch und Tier

Die Suche nach Gold und Sklaven verschlug im 18. Jahrhundert die ersten Fremden ins Pantanal. Die Einwanderer lebten dann bis weit ins 20. Jahrhundert von extensiver Rinderhaltung, Fischfang und Jagd. Diese Wirtschaft hat die Natur des Landes nicht gefährdet. Das änderte sich erst Ende der 60er Jahre des 20. Jahrhunderts mit dem Aufbau einer Infrastruktur. Sie löste eine zerstörerische Kettenreaktion aus: erst wurde gebrandrodet, dann Soja und Zuckerrohr gepflanzt. Zur Steigerung der Erträge griff man schließlich auf Pestizide und Düngemittel zurück. Wo nicht Ackerland erzwungen werden konnte, zerstören Rinder durch Überweidung die Bodenstruktur. Mit der Landwirtschaft einher gingen Flussbegradigungen und Dammbau. Sie führten zur Beschleunigung der Fließgeschwindigkeit und zur Erosion. Ungeklärte Abwässer aus den anliegenden Kommunen belasten zudem die Wasserqualität. Ganz große Probleme verursacht die Gewinnung von Gold und Diamanten. Bei der Goldgewinnung wird Quecksilber eingesetzt, das in die Umwelt gerät – mit verheerenden Auswirkungen auf Menschen und Tiere.

Pantanal

Partner Lebendige Seen
Entstehung

Größe

Schutzgebiete

Meereshöhe
Regenzeit
Salzgehalt

Staaten

Vegetation

Tiere

Zahl der Fischarten
Zahl der Vogelarten
Besondere Arten

Größter Erfolg

Größtes Problem

Goldwäscher im Pantanal.
Gold-washer in the Pantanal.
Buscadores de oro en el Pantanal.

Partner Lebendige Seen:
Living Lakes partner:
Asociado de Lagos Vivos:

Stiftung Ecotrópica
Periodische Überschwemmungen des Paraguay-Flusses und seiner Nebenflüsse
140.000 km², größer als Griechenland
Pantanal Nationalpark (1.350 km²), 4 private Schutzgebiete (538 km²)
~ 100 m
Oktober bis März
Süßwasser, im Süden Salzwasserlagunen
Brasilien, Bolivien und Paraguay
in Übergangszonen zwischen Wasser und Land dynamische Pflanzengesellschaften aus Gräsern, Kräutern und Schwimmblattpflanzen, Galeriewälder
Größte Konzentration von großen Tieren in der Neuen Welt. Größtes Überwinterungsgebiet kanadischer und nordamerikanischer Wat- und Wasservögel
260
650
Brillenkaiman, Hyazinth-Ara, Nandu, Jaguar, Riesenotter, Flachlandtapir
Einrichtung von privaten Schutzgebieten
Plan, auf 3.400 Kilometer Länge die Flüsse Paraguay und Paraná als Kanäle auszubauen

Oben: Goldgräberei verwüstet die Landschaft und vergiftet das Wasser.

Above: Gold mining devastates the natural landscape and poisons the water.

Arriba: Buscadores de oro destruyen el paisaje y envenenan el agua.

Rechts: Goldklumpen als Lohn der Naturzerstörung.

Right: Gold nugget – the reward for destroying nature.

Derecha: Una piedra de oro como recompensa a la destrucción de la naturaleza.

Gold-diggers – a threat to the local folks and animals

Early in the 18th century Brazilians raided the Pantanal to find gold and slaves. The newcomers bred cattle, fished and hunted, activities that had little or no negative effects on the region. That is, not until the 1960s when an infrastructure was laid. Bushland and woods were set alight to make room for soja and sugar cane plantations. Overgrazing and pesticides soon followed. River bends were straightened, dams erected: measures affecting flow rate and causing irreparable erosion. Pestizides, fertiliser sewage, contaminate lakes and rivers. Gold-miners use mercury, a chemical element that wreaks terrible damage on every living thing.

Los "Buscadores de oro" amenazan a humanos y animales

Las primeras amenazas para la población indígena, que vivía en el pantanal diseminada en numerosas tribus, fueron traídas por los brasileños en su búsqueda de oro y esclavos. Esto ocurría a principios del siglo XVIII. En el Pantanal, los inmigrantes vivieron gracias a la ganadería extensiva, la pesca y la caza hasta muy entrado el siglo XX. Este tipo de economía no puso en peligro la naturaleza de la región. Este orden de

cosas sólo cambió a finales de los años 60 con la construcción de infraestructuras. Esta condujo hacia una agricultura intensiva de clareo por incendio, cultivo de soja y caña de azúcar, uso de pesticidas y abuso de los pastizales. Las canalizaciones de los ríos y los embalses provocaron un drenaje más rápido del agua y una erosión demasiado intensa, con lo que el terreno terminó perdiendo su aptitud para el cultivo. Los ríos y lagos están contaminados con residuos derivados de la destilación de alcohol, sustancias tóxicas procedentes de drenajes y aguas residuales. La extracción de oro y diamantes provoca problemas muy graves. Durante el proceso de extracción de oro se emplea mercurio, que después es sencillamente abandonado en el medio con efectos devastadores.

Verfolgung von Tieren

Viele Menschen brauchen offenbar Feinde, die sie dann in der Tierwelt finden. In Deutschland waren es früher Adler und heute sind es Kormorane. Im Pantanal ist es der Jaguar, dem alle Verluste an Rindern angelastet werden. In einem gemeinsamen Projekt haben die Naturschutzorganisationen Ecotrópica und Oro Verde die Todesursachen der Rinder untersucht. Das Ergebnis: Nicht einmal ein Zehntel der getöteten Rinder gehen auf das Konto der Jaguare. Häufigste Todesursachen waren vielmehr Schlammlöcher, aus denen sie sich nicht befreien konnten und Krankheiten. Unsere Partnerorganisation Ecotrópica führt bei Einheimischen eine Informationskampagne durch, um sie von der Bejagung des Jaguars abzubringen.

Nachdem die Nachfrage nach Krokodilleder-Taschen in Europa und den Vereinigten Staaten stark zurückgegangen ist, werden Brillenkaimane nicht mehr so rücksichtslos verfolgt, wie das jahrzehntelang üblich war. Nach wie vor hoch gefährdet ist dagegen der Ozelot, weil sein Fell für Pelzmäntel begehrt ist.

Ebenfalls bedroht sind die Hyazinth-Aras. Sie sind die größten und mit ihrem wunderschönen tiefblauen Federkleid eine der attraktivsten Papageienarten. Vogelliebhaber zahlen für sie hohe Preise. Alleine in den 1980er Jahren wurden 10.000 Hyacinth-Aras gefangen, um sie zu vermarkten. Daraufhin ging der Bestand auf rund 3.000 Wildvögel zurück. Ob die Art überleben kann ist ungewiss, da ihr auch die Zerstörung ihrer Lebensräume stark zusetzt.

Blatant disregard for animals

Many people, it seems, miss having enemies, and hence find stopgaps in the animal kingdom. In Germany, eagles and other birds of prey used to be shot at; these days cormorants are being targeted. In the Pantanal, blame is heaped on the jaguar for cattle losses.

United in purpose, the Nature Protection Organisation "Ecotrópica" investigated

Pantanal
Living Lakes Partner
Origin

Size

Protected areas

Sea level
Rainy period
Salt content

Countries
Vegetation

Animals

Fish species
Bird species
Noteworthies

Biggest problems

Greatest success

Hyazinth-Aras sind von gewissenlosen Vogelhaltern bedroht, die hohe Preise für diese Vögel zahlen.

Sadly, cage-bird fanciers pay high price for the Hyacinth Macaw.

Aficionados a las aves dométicas sín escrúpolo pagan precios muy altos por el guacamayo. Por esto está en peligro de extinción.

Ecotrópica

Periodical flooding of the Paraguay river and its tributaries

140,000 sq. km, larger than Greece

Panatal National Park (1,350 sq. km) Tayamã Ecological Station, 150 sq. km), 4 private protected areas (538 sq. km)

approx. 100 m

Oct. – March

fresh water; salt water lagoons, to the south

Brazil, Bolivia, Paraguay

Dynamic "plant societies" consisting of grasses, wet forest, dry forest, water plants, palms etc.

New World's greatest concentration of large animals. Winter quarters of American and Canadian waders and waterfowl

260

650

Spectacled Cayman, Hyacinth Macaw (Anodorhynchus hyacinthus), Rhea (R. Americana), Giant River Otter (Ptenorura brasiliensis), Tapir (Tapirus terrestris), Jaguar (Panthera onca palustris)

The Hidrovia, a planned scheme to channel 3,400 km of the Paraguay and Paraná rivers occupation of the highlands around the Panatanal with large monocultures, gold and diamond mining, urbanization, construction of dams.

privately run protected areas

Ozelots werden nach wie vor gewildert.

Unfortunately, ocelots are still attractive for poachers.

El ocelote sufre la caza furtiva.

the problem. It was discovered that jaguars had not killed even a tenth of the animals. The diagnosis: mud holes, out of which a trapped cow could not escape, or diseases. An Ecotrópica team is trying to dissuade the natives from hunting jaguars.

The demand for croc handbags has declined in Europe and the USA, so the spectacled cayman of South America has been given temporary relief from danger. The ocelot, though, is still very much a victim of its much-admired pelt.

Sadly, cage-bird fanciers pay high price for the Hyacinth macaw, the largest of the South American parrots. During the 1980s 10,000 Hyacinths were "bagged" and sold. Now there cannot be more than about 3,000 in the wild. As ist habitat is also in jeopardy, it is doubtful whether this species will survive.

Persecución de animales

Aparentemente, muchas personas necesitan enemigos que luego encuentran entre los animales. En Alemania fueron antes las águilas y hoy en día son los cormoranes. En el pantanal se le atribuyen al jaguar todas las pérdidas de ganado. Las organizaciones medioambientales Ecotrópica y Oro Verde investigaron las causas concretas de la muerte del ganado. El resultado fue que ni siquiera una décima parte de las cabezas de ganado que se habían encontrado muertas habían sido atacadas por jaguares. Por el contrario, las causas de muerte más frecuentes eran los barrizales de fango en los que quedaban atrapadas y las enfermedades. Nuestra asociada, la organización Ecotrópica, lleva a cabo una campaña entre los nativos para lograr que abandonen la caza del jaguar.

Tras el fuerte retroceso en la demanda de bolsos de piel de cocodrilo en Europa y los Estados Unidos, los caimanes de anteojos ya no son perseguidos tan despiadadamente como fue habitual durante décadas. Por el contrario, el ocelote continúa estando tan intensamente amenazado como siempre, ya que su piel es muy codiciada.

Los guacamayos o aras están igualmente en peligro. Es la especie más grande de papagayo y una de las más atractivas, con su precioso plumaje azul violeta. Los amantes de los pájaros han llegado a pagar precios muy altos por ellos. Tan sólo en los años 80 se cazaron 10.000 guacamayos para venderlas. Con ello la población de estas aves en estado silvestre se redujo a 3.000 ejemplares. No es seguro que la especie pueda sobrevivir, ya que también se ve muy afectada por la destrucción de su hábitat.

Ein Kanal soll Wohlstand bringen

Gegenwärtig ist für das Pantanal der geplante Bau eines 3.400 Kilometer langen Kanals die größte Bedrohung. Dafür sollen Paraguay und Paraná so vertieft werden, dass sie von großen Frachtschiffen befahren werden können. Bolivien und Paraguay erhielten damit einen Zugang zum Atlantik. Argentinien und Uruguay glauben, ihre Probleme mit einer neuen Handelsroute lösen zu können, und Brasilien verspricht sich billige Handelswege nach Argentinien. Also eine goldene Zukunft für alle? Gewinner wären allerdings vor allem Baufirmen und die Kreditgeber für den hohen Preis, eine der artenreichsten Naturlandschaften zerstört zu haben.

A canal promises prosperity

At the moment, a 3,400 kilometres canal poses the greatest threat imaginable to the Pantanal. Engineers plan to deepen the Paraguay and Paraná rivers to make them navigable for cargo ships. Bolivia and Paraguay would then possess a waterway to the Atlantic. Uruguay and Argentina also feel sure that this would boost trade. Even Brazil believes a canal would be the cheapest form of transportation to and from Argentina. Well now, does such an under- taking promise a golden future for everyone? Of course, financiers, construction firms, and others would profit – at the heavy price of destroying a paradise forever.

Un canal para traer prosperidad

Actualmente la mayor amenaza para el Pantanal es el proyecto de construcción de un canal de 3.400 kilómetros de longitud. Para ello se pretende profundizar el lecho de los ríos Paraguay y Paraná de manera que sean navegables y puedan ser atravesados por grandes barcos mercantes. Así, Bolivia y Paraguay obtendrían una salida al Atlántico, Argentina y Uruguay podrían resolver sus problemas con una nueva ruta comercial y Brasil planea rutas comerciales económicas hacia Argentina. ¿Un futuro dorado para todos? Los beneficiarios serían ciertamente las empresas constructoras y las financieras, pero ello conllevaría la aniquilación de uno de los hábitats naturales más ricos en fauna animal.

Pantanal

Asociado Lagos Vivos
Origen

Extensión

Zonas protegidas

Altura sobre el nivel del mar
Epoca de lluvias
Contenido de sal

Estados
Vegetación

Fauna

Numero de especies de peces
Numero de especies de aves
Especies particulares

Mayor éxito

Mayor problema

Sanfter Tourismus könnte das Pantanal retten.

Smooth tourism could save the Pantanal.

El turismo sostenible podría ser una vía para salvar el Pantanal.

Fundacion Ecotrópica
Inundaciones periódicas del río Paraguay y sus afluentes 140.000 km², mayor que Grecia
Parque Nacional Pantanal (1.350 km²), Estación Ecológica de Tayamã (150 km², 4 Zonas protegidas privadas (538 km²)
~ 100 m
De octubre hasta marzo
Agua dulce, en el sur lagunas salinas
Brasil, Bolivia y Paraguay
En las zonas intermedias entre agua y tierra existen comunidades dinámicas de plantas de gramíneas, herbáceas y nenúfares. Bosques de galería.
La mayor concentración de animales grandes del Nuevo Mundo. Es el mayor territorio de invernada de aves acuáticas y zancudas canadienses y norteamericanas.
260
650
Caimán, guacamaya (ara), ñandú, jaguar, nutria gigante, tapir de sabana
Creación de territorios de protección privados
El plan de canalización de los ríos Paraguay y Paraná a lo largo de 3.400 kilómetros de cauce (Hidrovía). Ocupación de las zonas elevadas alrededor del Pantanal con monocultivos. Minas de oro y de diamantes. Crecimiento urbano incontrolado. Embalses para la producción de energía eléctrica.

Einer der Zuflüsse (oben), Seen und ein mäandrierender Fluss (unten.)

An in-flowing waterfall (top); lagoons and a meandering river (right).

Uno de los múltiples ríos del Pantanal.

Aktionsgemeinschaft gegen die Kanalpläne

Seit 10 Jahren beschäftigen sich Naturschützer der brasilianischen Organisation Associacão Ecológica Melgassense und das River Network mit diesem Wahnsinnsprojekt. Während der lokalen Bevölkerung große Versprechungen gemacht werden, sähe die Wirklichkeit ganz anders aus. Viele Menschen verlören ihre Lebensgrundlage, ohne Alternativen zu haben oder Entschädigungen zu bekommen.

Inzwischen schlossen sich mehr als 300 Organisationen aus den betroffenen Ländern gegen dieses Projekt zu der Koalition Rios Vivos (Lebendige Flüsse) zusammen. Ihre Länder haben schon genug menschliche und ökologische Katastrophen erlebt. Es darf nicht so wie bisher mit immer größeren Umweltzerstörungen weiter gewirtschaftet werden! Die Industrienationen tragen hierbei eine große weltweite Verantwortung, denn ohne ihr Kapital gäbe es derartige Eingriffe in die Natur nicht.

Stakeholders versus canal

For 10 years now, conservationists of Brazil's Associacão Ecologica Melgassense and River Network have been struggling against this madness. Naturally, the local population has been stuffed with (empty) promises. The truth must be seen in a different light, though! Many, many people would lose their basis of existence – with no alternatives or compensation.

Meanwhile, over local 300 organisations have joined forces to initiate the "Rios Vivos" coalition (living rivers). Too often have their countries suffered terrible man-made and ecological catastrophes. Seen in this light, destruction on an even larger scale is not acceptable. The industrial nations bear their share of the responsibility; for they are the financiers.

Campañas colectivas contra los planes del canal

Los defensores de la Naturaleza de la organización brasileña Associaçao Ecológica Melgassense se ocupan de este descabellado proyecto desde hace 10 años. Aunque se le hacen grandes promesas a la población local, la realidad futura sería muy diferente. Muchas personas perderían la base de su sustento, sin tener alternativas ni percibir indemnizaciones.

Entretanto, más de 300 organizaciones de los países afectados se han unido a la organización Ríos Vivos en contra de este proyecto. Sus países ya han sufrido suficientes catástrofes humanas y ecológicas. No es posible seguir administrando como hasta ahora, con una destrucción cada vez mayor del medio ambiente. Los países industrializados tienen una gran responsabilidad en este sentido, ya que sin su capital no se llevarían a cabo tales intervenciones en perjuicio de la naturaleza.

Strategien für die Bewahrung des Pantanals

Unsere Partnerorganisation Ecotrópica arbeitet seit 1989 an einem umfangreichen Programm zur Erhaltung des Pantanals. Sie zieht in Baumschulen einheimische Gehölze heran und entwickelt Praktiken zur Bewaldung gerodeter Flächen, sie fördert eine ökologisch orientierte Verwaltung, hilft Ureinwohnern zu überleben, entwickelt einen sanften Tourismus, unterstützt die Versorgung der Bevölkerung, informiert Jugendliche und Erwachsene über Landwirtschaft, Wiederbewaldung, kümmert sich um Mittelbeschaffung und fördert die Liebe zur Natur. Behörden vieler Bereiche werden von Ecotrópica bei der Abfassung von Gesetzen beraten.

Um die Effizienz des 1.350 Quadratkilometer großen Pantanal Nationalpark zu steigern, hat Ecotrópica an seinem Rand vier private Schutzgebiete gekauft, die insgesamt 538 Quadratkilometer groß sind. In

Living Lakes Partner Ecotropica hilft die Zukunft für die Flussanwohner sichern.

Living Lakes Partner Ecotropica helps to ensure the natives' future.

Ecotrópica, socio de Living Lakes, trabaja para asegurar el futuro de los indígenas.

Zu den typischen Vogelarten des Pantanals zählt der Riesentukan (Ramphastus toco).

Toco toucan – a characteristic bird species of the Pantanal.

El tucán: una de las aves típicas del Pantanal.

zwei dieser Gebiete mit großen Seen haben Wissenschaftler 64 Säugetierarten und mehr als 200 Vogelarten festgestellt.

Strategies for the conservation of the Pantanal

Since 1989, Ecotrópica has been engaged in a Pantanal conservation programme. Native trees, for example, are grown for re-forestation. Ecotrópica fosters an ecologically minded administration, helps local people to survive, and is developing "gentle" tourism. Experts deal with agricultural, educational, sanitary, and financial issues. And where possible, Ecotrópica advises in local law-making. Instilling a "love of nature" remains a big problem, however.

Ecotrópica has managed to purchase three privately owned areas bordering on the National Park, extending its size by 538 square kilometres, as well as its effective-

ness. These new areas contain large lakes, and 64 mammal and more than 200 bird species have already been listed.

Estrategias para la conservación del Pantanal

Nuestra asociada, la organización Ecotrópica, trabaja desde 1989 en un ámplio programa para la conservación del Pantanal. Cultiva árboles autóctonos en viveros y desarrolla prácticas para la repoblación de superficies roturadas, promueve una administración orientada por criterios ecológicos, ayuda a sobrevivir a la población indígena, promueve un turismo no agresivo, apoya la atención sanitaria de la población, informa a jóvenes y adultos sobre agricultura, reforestación y obtención de recursos y fomenta el respeto hacia la naturaleza. Las autoridades de diferentes ámbitos son asesoradas por Ecotrópica para la redacción de futuras leyes.

Mar Chiquita

See der Extreme

Die Lagune Mar Chiquita ist der größte See Argentiniens und der fünftgrößte Steppensee der Welt. Das trifft allerdings nur bei hohem Wasserstand zu. Dann ist er 5.770 Quadratkilometer groß und damit zehnmal größer als der Bodensee. Bei großer Trockenheit kann sich seine Fläche auf 1.960 Quadratkilometer verkleinern. Noch dramatischer schwankt die Wassermenge des Sees. Bei höchstem Wasserstand sind es 2.390 Kubikkilometer und bei niedrigstem 0,15 Kubikkilometer. Ähnlich schwerwiegend für die Lebenswelt des Sees ist sein wechselnder Salzgehalt. Er pendelt zwischen 25 und 290 Gramm pro Liter. Diese Extreme bewahrten den See bisher vor zu großer Besiedlung und Übernutzung.

Verursacht werden diese extremen Unterschiede durch das trockene Klima mit verschieden viel Regen von Jahr zu Jahr. Zudem begünstigen die geringe Tiefe des Sees und heftige Sommerstürme die Verdunstung. Im Norden des Sees mündet sein größter Zufluss, der Dulce-Fluss. Er bildet während der jährlichen Regenzeit große Sümpfe und feuchtes Grasland. Der Salzgehalt nimmt in diesen Feuchtgebieten zur Mitte des Sees hin zu. Dieser Gradient fördert sowohl die Anpassung der Arten an extreme Bedingungen, als auch die Wiederbesiedlung von Pflanzen und Tieren nach extremer Trockenheit. Er ist somit für die Vielfalt der Arten mitverantwortlich.

Lake of extremes

Mar Chiquita is Argentine's biggest lake, and the world's fifth largest lake found in plains. The latter is only true, however, when the water level is high. In that situation, Mar Chiquita covers an area of 5,770 square kilometers, and hence is 10 times larger than Lake Constance. In periods of extended drought, the lake's surface can dwindle to 1,960 square kilometers. More dramatic is the variation in water volume, from peak values of 2.390 cubic kilometers at the highest water level to 0.15 cubic kilometers at lowest levels. Accordingly, water salt content ranges between 25 to 290grammes per litre, resulting in dramatic changes in the plant and animal communities living in this ecosystem. So far, these extremes have protected the lake

Unten: Schwarzhalsschwäne brüten in Patagonien und überwintern auf dem Mar Chiquita.

Below: Black-necked swan, a winter visitor to Mar Chiquita, comes from Patagonia.

Arriba: Cisne de cuello negro, procedente de Patagonia. Visitante durante el invierno en el Mar Chiquita.

Mar Chiquita

Gruppe fliegender Chileflamingos.
Group of flying Chilean flamingos.
Una bandada de flamencos austral.

from extensive settlement and ruthless exploitation. These extreme variations are primarily the result of a semiarid climate with highly variable rainfall. Besides, the shallowness of the lake and the strong summer winds increase water evaporation. To the north of the lake, the Dulce River, its main tributary, generates extensive wetlands and grasslands, which are maintained by the river's annual floods. Salinity in these wetlands increases with proximity to the lake, generating a gradient that promotes adaptation and replacement of plants and animal species that enhances the region's biodiversity.

Lago de los extremos

La laguna Mar Chiquita es el mayor lago de Argentina y el quinto lago de planicie a nivel mundial en cuanto a tamaño. Tiene una superficie de 5.770 kilómetros cuadrados, es decir, es 10 veces mayor que el lago Constanza. No obstante, estos datos se refieren a los permodos cuando el nivel del agua es elevado. En épocas de sequía intensa su extensión puede disminuir hasta unos 2.000 kilómetros cuadrados. El volumen de agua del lago presenta fluctuaciones aún más drásticas. En el nivel más alto alcanza cerca de 2,4 kilómetros cúbicos, mientras que cuando el nivel es mínimo se reduce a 0,15 kilómetros cúbicos. La concentración salina es también muy variable y determinante de la biología del lago. Oscila entre 25 y 290 gramos por litro. Hasta ahora, estos extremos han protegido a Mar Chiquita de un uso demasiado intenso.

La marcada variabilidad observada en las condiciones del lago se deben en primer lugar a que su cuenca esta ubicada en una región semiarida donde la cantidad de lluvia que cae anualmente es muy irregular. También influyen la escasa profundidad del lago y los fuertes vientos y altas temperaturas estivales que aceleran la evaporación. Sobre el norte del lago se encuentra el valle de inundación y delta del Río Dulce, el principal afluente del Mar Chiquita. Las inundaciones anuales del río generan extensos humedales y pastizales. Cuanto más próximos al lago se encuentran, mayor es su contenido de sal, lo que crea un gradiente que genera cambios en las comunidades de plantas y animales, lo que aumenta la diversidad biológica del sistema.

Flamingos

Am und auf dem See wurden bisher 148 Vogelarten festgestellt. Prominentester Brutvogel ist der Chileflamingo, der weltweit nur in Südamerika vorkommt und hier nur in wenigen Landschaften brütet, von denen das Mar Chiquita die bedeutendste ist. 1998 wurden hier 100.000 Altvögel und 50.000 Junge gezählt, das sind 20 Prozent der gesamten Population von 500.000 Individuen. Neben dem Chileflamingo werden am Mar Chiquita zwei weitere Flamingo-Arten beobachtet: der Andenflamingo und der Jamesflamingo. Diese beiden Arten brüten in den Anden in großer Höhe. Von ihnen gibt es 150.000 bzw. 50.000 Individuen.

Als Überwinterer haben die Vogelbeobachter am Mar Chiquita bis zu 2.000 Andenflamingos und 500 Jamesflamingos gezählt. Obwohl Flamingos mit 80 bis 145 Zentimetern relativ groß sind, ist ihre Nahrung überwiegend klein. Sie besteht aus Algen, Kieselalgen und kleinen Wassertieren. Um satt zu werden, brauchen sie davon große Mengen, und die gibt es vor allem in flachen Salzseen und Alkaliseen. Gegen hohe Konzentrationen von Salz, Kalk, Schwefel und Fluor sind Flamingos ebenso unempfindlich wie gegen Temperaturen bis 68 Grad Celsius in Geysiren. Das reiche Angebot von Nahrung in solchen Gewässern brauchen Flamingos nur mit wenigen anderen Tierarten zu teilen. Das ändert sich sofort, sobald Fische in diesen Seen leben können. Zum einen ist dann das Wasser weniger salzig, woraufhin die ans Salzwasser angepassten Kleinlebewesen drastisch weniger werden und zum anderen sind die Fische für die Flamingos Nahrungskonkurrenten.

Beides hat sich im Mar Chiquita ereignet. Infolge von viel mehr Regen im Einzugsgebiet ging der Salzgehalt von 275 Gramm pro Liter auf 29 Gramm zurück. Daraufhin nahm die Zahl der kleinen Salzkrebse dramatisch ab und der Argentinische Silberseidenfisch wanderte in den See ein. Die größte Gefahr für den Chileflamingos am Mar Chiquita liegt jedoch im Rückgang der Brutbiotope. Mit dem Anstieg des Wassers von 1972 bis in die 80er Jahre um sieben bis neun Meter wurden alle als Brutgebiete geeigneten Flächen überflutet. Bei den schnell wechselnden Rahmenbedingungen im Einzugsgebiet vom Mar Chiquita kann der Wasserspiegel aber auch wieder fallen. 1992 ist es wegen dieser gegenläufigen Entwicklung zu einem Salzsee gekommen. Es entstanden neue sumpfige Inseln, auf denen die Flamingos wieder brüten.

Flamingos

About 148 bird species have been recorded in the lake area as well as in the surrounding habitats. The most charismatic breeding species is the Chilean flamingo, a South American species that nests in a limited number of sites, of which Mar Chiquita is the most significant. In 1998 100,000 adults and 50,000 fledglings were counted

Mar Chiquita
Partner Lebendige Seen

Entstehung
Alter
Größe
Länge, Breite
Wassermenge
Größte Tiefe
Meereshöhe
Einzugsgebiet
Zahl der Zuflüsse
Größter Zufluss
Abfluss
Salzgehalt
Niederschläge pro Jahr
Mittlere Jahrestemperatur
Staat
Vegetation am Ufer

Brütende Vögel

Rastende Vögel

Größtes Problem

Wetlands International Americas, Centro de Zoologíca Aplicada Argentina
Universität Córdoba
Tektonik
30.000 Jahre
1.969 km² bis 5.770 km²
30 – 100 km, 76 – 140 km
0,15 km³ – 2.390 km³
11 m
62 – 71 m
37.570 km²
3
Dulce River
keiner
29 – 275 g/l
700 - 1200 mm
18 – 19° C
Argentinien
Wald, Savanne, Wiesen, Felder, Salzmarsch
50.000 Paare Chileflamingos, (etwa 20 % des Weltbestandes), bis zu 100.000 Paare Patagonienmöwen
2.000 Andenflamingos, 500 James Flamingos, 500.000 Wilson-Wassertreter in den 70er Jahren (heute 10.000), 20.000 Amerikanische Goldregenpfeifer
Wasserentnahme

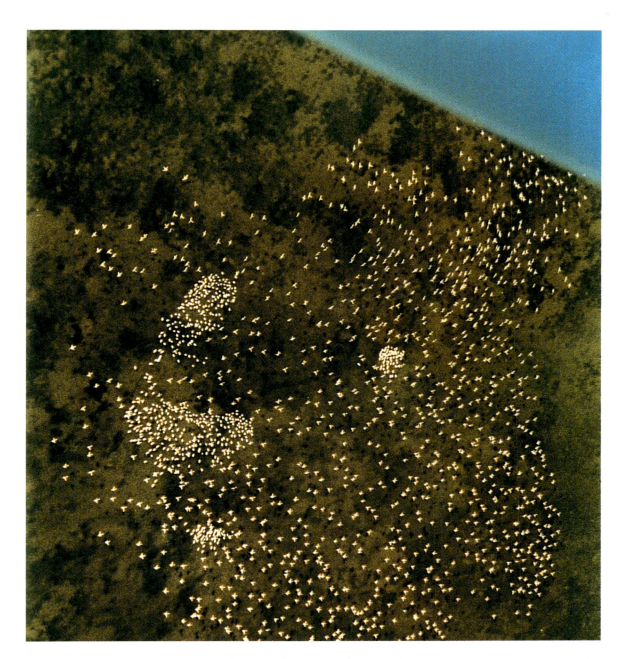

Riesige Scharen der Chileflamingos (links und rechts) brüten am Mar Chiquita.

Huge flocks of Chilean flamingos nest at Mar Chiquita.

Grandes poblaciones de flamenco austral sacan adelante sus polladas en la Mar Chiquita.

in Mar Chiquita, equivalent to 20% of the total species' population estimated in 500,000 individuals. Besides the Chilean flamingo, Mar Chiquita hosts, as winter visitors, two more flamingo species. They are the Andean flamingo and the James or Puna flamingo. These two species have restricted breeding areas at high elevation in the Andes, with total populations estimated at 150,000 and 50,000 individuals respectively. Up to 2,000 Andean and 500 James flamingos were recorded in Mar Chiquita. In summary, of the six flamingo species occurring worldwide, three can be seen in Mar Chiquita. Even if flamingos are relatively large, with 80 to 145 centemetres in length, their food is predominantly small, including tiny aquatic creatures such as algae, small crustaceans, etc. Shallow salt and alkali lakes are their preferred feeding grounds, where they can sustain high concentrations of salt, lime, sulphur and fluorine, as well as water temperatures of up to $68°C$ in geysers. Fortunately for them, flamingos share there richly laid dinner table with only few other animal species able to survive in such an extreme environment. When salinity declines, many organisms adapted to salty waters may disappear, while fish species may invade and compete with flamingos for food. This situation has developed in Mar Chiquita since the end of the seventies, when the lake water level increased by nine meters, due to exceptional rainfall throughout its basin. As a result, all the islands with extensive mudflats, the preferred flamingo-nesting habitat, disappeared. Moreover, the water salt content

decreased from 275 to 29 grammes per litre, extinguishing the small shrimp Artemia, the most abundant species in the water. This drastic change in conditions allowed the lake to be invaded by the pejerrey fish, a very market-valuable fish. The austral flamingos, very abundant at that time, stopped nesting after 1977. Although the adults remained in the area, no breeding was recorded until 1992. At that time, the waters stabilized, new mudflat islands developed, and flamingos started breeding again.

Flamencos

Hasta el presente se han contabilizado 148 especies de aves, tanto en el propio lago como en su entorno. De las aves que nidifican en Mar Chiquita, la más llamativa es el flamenco austral o flamenco chileno, especie sudamericana que se reproduce en un número limitado de sitios, siendo el principal de ellos Mar Chiquita. En 1998 se contaron 100.000 adultos y 50.000 pollos en Mar Chiquita, lo que equivale a un 20 % de la población total de la especie, estimada en 500.000 individuos. Además del flamenco austral, otras dos especies de flamencos migran en el invierno hasta Mar Chiquita. Ellas son el flamenco andino (también conocido como parina grande), del cual se han contado en Mar Chiquita hasta 2.000 ejemplares, y el flamenco de James o parina chica, con hasta 500 flamencos observados. Estas dos últimas especies nidifican en lagos a gran altura en los Andes, donde sus poblaciones se estiman en alrededor de 150.000 y 50.000 ejemplares respectivamente. Cabe remarcar entonces que de las seis especies de flamencos que existen en el planeta, tres estan presentes en el lago. Si bien los flamencos, con sus 80 a 145 centímetros, son aves relativamente grandes, su alimento es de pequeño tamaño, constituido fundamentalmente por algas y pequeqos animales acuaticos. Para sobrevivir y reproducirse necesitan grandes cantidades de este alimento, el cual se encuentra sobre todo en lagos salinos someros y en lagos alcalinos. Los flamencos pueden soportar elevadas concentraciones de sal, carbonato de calcio, sulfuros y fluoruros, como así también temperaturas del agua de hasta 68 grados centígrados en algunos géiseres. Los flamencos tienen poca competencia para compartir la rica oferta de alimento de

Mar Chiquita
Living Lakes partner

Origin
Age
Size
Length/width
Water volume
Greatest depth
Sea level
Catchment area
In-flows
Largest in-flow
Out-flow
Salt content
Precipitation
Mean air temperature
Country
Vegetation

Nesters

Resters

Biggest problem

Wechselnder Wasserstand hat Bäume absterben lassen.

High water level caused dying of forests.

Las variaciones frecuentes del nivel de las aguas provocan la muerte de los árboles.

Partner Lebendige Seen:

Living Lakes partner:

Asociado de Lagos Vivos:

Wetlands International Americas, Centro de Zoologica Aplicada Universidad de Córdoba, Argentina
tectonic
30,000 years
1,969 sq. km to 5,770 sq. km
30-100 km, 76-140 km
0.15 – 2.390 cubic km
11 m
62 – 71 m
37,570 sq. km
3
Dulce river
none
29 – 275 g/litre
700 – 1,200 mm p.a.
18 – 19°C
Argentina
forest, savannah, pastures, fields, salt-marsh
50.000 p.Chilean flamingo (approx. 20 % of world population), more than 100,000 p. Brown-hooded gull 2.000 Andean flamingo, 500 James flamingo, 500,000 Wilson's phalarope (1970s) 10,000 (today), 20,000 American golden plover
Withdrawal of water

Der Kleingrison ist am Mar Chiquita weit verbreitet .

The Minor grison is very common around Mar Chiquita.

El Hurón menor es muy común alrededor del Mar Chiquita.

menco austral, otras dos especies de flamencos migran en el invierno hasta Mar Chiquita. Ellas son el flamenco andino (también conocido como parina grande), del cual se han contado en Mar Chiquita hasta 2.000 ejemplares, y el flamenco de James o parina chica, con hasta 500 flamencos observados. Estas dos últimas especies nidifican en lagos a gran altura en los Andes, donde sus poblaciones se estiman en alrededor de 150.000 y 50.000 ejemplares respectivamente. Cabe remarcar entonces que de las seis especies de flamencos que existen en el planeta, tres estan presentes en el lago. Si bien los flamencos, con sus 80 a 145 centímetros, son aves relativamente grandes, su alimento es de pequeño tamaño, constituido fundamentalmente por algas y pequeqos animales acuaticos. Para sobrevivir y reproducirse necesitan grandes cantidades de este alimento, el cual se encuentra sobre todo en lagos salinos someros y en lagos alcalinos. Los flamencos pueden soportar elevadas concentraciones de sal, carbonato de calcio, sulfuros y fluoruros, como así también temperaturas del agua de hasta 68 grados centígrados en algunos géiseres. Los flamencos tienen poca competencia para compartir la rica oferta de alimento de este tipo de aguas, ya que hay pocas especies capaces de soportar condiciones tan extremas. Cuando la salinidad del agua disminuye, muchos seres vivos habituados al agua salada pueden desaparecer, y al mismo tiempo los peces pueden invadir y competir con los flamencos por la comida. Tal situación se ha dado en Mar Chiquita a partir de fines de la década de 1970, cuando el nivel del lago se elevó en nueve metros debido a lluvias excepcionales en su cuenca. Como consecuencia, fueron inundadas las islas con playas barrosas que los flamencos necesitan para criar. Ademas, el contenido de sal disminuyó de 275 a 29 gramos por litro, y el micro crustaceo del género Artemia, la especie más abundante en las aguas, desapareció. El cambio de condiciones permitió que el lago fuera invadido por el pejerrey, una especie de pez muy valiosa comercialmente. Los flamencos australes, muy abundantes hasta entonces, interrumpieron la nidificación después de 1977. Aunque los adultos continuaron presentes en la región, no se registraron nidos hasta 1992. En ese momento las aguas se estabilizaron, volvieron a apa-

Mar Chiquita
Asociado a Lagos Vivos

Origen
Antigüedad
Extensión
Longitud, ancho
Volumen de agua
Profundidad máxima
Altitud
Cuenca
Numero de ríos afluentes
Afluente mayor
Número de riós efluentes
Concentración salina del agua
Precipitaciones anuales
Temperatura media anual
Estado
Vegetación de la costas

Aves anidando

Aves invernantes

Mayor problema

Flyway Canada – California – South America

Several species of shorebirds breed in North America and migrate to South America for the austral summer. Among them, the Wilson's phalarope prefers salty waters. This species nests in the prairies of Canada and United States, wintering in salt lakes of Peru, Chile, Bolivia, and Argentina. After the breeding season, they fly to the salt lakes in Western United States. As many as 600,000 phalaropes have been recorded in the Great Salt Lake (Utah), and 140,000 were observed in Mono Lake (California). There they moult and double their weight, accumulating energy reserves for the long journey. From there, experienced birds fly non-stop over the Pacific and the Andean ranges. They need three days for completing the 5,000 kilometres at an average speed of 70 kilometres/hour. Young phalaropes migrate slowly in a wide front from North to South America. During the 1970's, up to 500,000 Wilson's phalaropes were seen at Mar Chiquita. After the rise in water level, the population declined. It is likely that at present they may be using other salt ponds and salinas close to Mar Chiquita.

Ruta de vuelo Canadá – California – Sudamérica

Varias especies de chorlos crían en Norteamérica y migran cada año a Sudamérica donde pasan el verano austral. Entre ellas, el falaropo tricolor se destaca por preferir aguas saladas. Esta especie anida en las praderas de Canadá y Estados Unidos, e inverna en los lagos salinos de Perú, Chile, Bolivia y Argentina. Tras la época de cría vuelan en una primera etapa hacia los lagos salinos del oeste de Norteamérica. En el Gran Lago Salado, (Utah) y en el lago Mono (California) se han contado 600.000 y 140.000 falaropos tricolor, respectivamente. Después de haber mudado allí su plumaje y haber doblado su peso como reserva de energía, los ejemplares más viejos vuelan sin escalas sobre el Océano Pacífico y sobre los Andes hacia Sudamérica. Necesitan unos tres días para este trayecto de 5,000 kilómetros, lo que indica una velocidad aproximada de 70 kilómetros por hora. Los falaropos jóvenes migran en un ancho frente desde el Norte a Sudamérica. En Mar Chiquita, los ornitólogos observaron hasta 500,000 falaropos tricolor en los años 70. Después del ascenso de las aguas sus poblaciones disminuyeron. Probablemente están usando otras lagunas y salares cercanos a Mar Chiquita.

Wilson Wassertreter fliegen nonstop vom Mono Lake bis zum Mar Chiquita.

Wilson's phalaropes cover a long distance non-stopp from Mono Lake to Mar Chiquita.

Los Falaropos tricolor vuelan sin paradas desde el Lago Mono hasta la Mar Chiquita.

Wetlands International Americas, Centro de Zoología Aplicada, Argentina, Universidad de Córdoba
Tectónico
30.000 años
1.969 km² hasta 5770 km²
30-100 km, 76-140 km
0,15 km³ – 2,390 km³
11 m
62 – 71 m
37.570 km²
3
Río Dulce
Ninguno
29 – 275 g/l
entre 700 y 1.200 mm
18 – 19° C
Argentina
Bosque seco, sabana, pastizales, praderas, humedales salobres
50.000 parejas de flamencos australes en 1988 (un 20 % de la población mundial), Mas de 100.000 parejas Gaviotas capucho cafi
2.000 flamenco andino o parina grande, 500 flamenco de James o parina chica, 500.000 falaropos de tricolor en los años 70, 20.000 chorlos dorados
Extracción de agua de los ríos afluentes

Sonnenuntergang am Mar Chiquita.

Sunset at Mar Chiquita.

Puesta del sol en Mar Chiquita.

Ruta de vuelo Canadá – California – Sudamérica

Varias especies de chorlos crían en Norteamérica y migran cada año a Sudamérica donde pasan el verano austral. Entre ellas, el falaropo tricolor se destaca por preferir aguas saladas. Esta especie anida en las praderas de Canadá y Estados Unidos, e inverna en los lagos salinos de Perú, Chile, Bolivia y Argentina. Tras la época de cría vuelan en una primera etapa hacia los lagos salinos del oeste de Norteamérica. En el Gran Lago Salado, (Utah) y en el lago Mono (California) se han contado 600.000 y 140.000 falaropos tricolor, respectivamente. Después de haber mudado allí su plumaje y haber doblado su peso como reserva de energía, los ejemplares más viejos vuelan sin escalas sobre el Océano Pacífico y sobre los Andes hacia Sudamérica. Necesitan unos tres días para este trayecto de 5,000 kilómetros, lo que indica una velocidad aproximada de 70 kilómetros por hora. Los falaropos jóvenes migran en un ancho frente desde el Norte a Sudamérica. En Mar Chiquita, los ornitólogos observaron hasta 500,000 falaropos tricolor en los años 70. Después del ascenso de las aguas sus poblaciones disminuyeron. Probablemente están usando otras lagunas y salares cercanos a Mar Chiquita.

Hauptproblem: Wasserentnahme

Großräumige Projekte zur Wasserentnahme vom Fluss Dulce, hauptsächlich für Bewässerungszwecke, sind die Hauptbedrohung des Mar Chiquita. Wenn Wasserentnahme über ein kritisches Maß hinausgeht, verringert sich die Seefläche dramatisch. In trockenen Jahren kann das Mar Chiquita sogar vollständig verschwinden. Wird die jährliche Überschwemmung der Feuchtgebiete und Wiesen entlang dem Fluss Dulce nicht sichergestellt, droht hier eine Umwandlung zu Salzsteppen. Um den Schutz und die nachhaltige Nutzung des Ökosystems Mar Chiquita sicherzustellen, ist es wesentlich, einen umfassenden Managementplan für den Wassereinzugsbereich des Flusses Dulce zu entwickeln und umzusetzen, in dem die Wasserbedürfnisse des Mar Chiquita einschließlich der dazugehörigen Feuchtgebiete berücksichtigt werden.

Totes Meer

Dead Sea

Totes Meer als lebendiger See

Bis auf ein paar Algen und Bakterien ist das Tote Meer biologisch ohne Leben, aber um es herum leben Pflanzen und Tiere in den Bergen, in Oasen, in den zeitweise Wasser führenden Bächen und in Sümpfen, die sich zwischen den hohen Bergen und dem Toten Meer gebildet haben.

Warum im Toten Meer nur wenige Mikroorganismen an den Mündungen von Flüssen leben können, liegt auf der Hand: Sein Wasser ist zu salzig, zehnmal salziger als das Mittelmeer und so salzig wie kein anderes natürliches Gewässer auf der Welt. Die Hauptgründe dafür liegen in den Zuflüssen, die in ihrem Süßwasser geringe Mengen Salz mitführen, dem Fehlen eines Abflusses und den riesigen Wassermengen, die unter der glühenden Sonne im Nahen Osten verdunsten. Mit anderen Worten: Das Tote Meer ist mit seinen 417 Metern unter dem Meeresspiegel das tiefste

Das Tote Meer liegt 417 Meter unter dem Meeresspiegel.

The Dead Sea is located 417 m below sea level.

El Mar Muerto está 417 metros debajo del nivel del mar.

Mar Muerto

natürliche Areal der Welt und damit eine Sackgasse für Mineralien, während das zulaufende Wasser großteils verdunstet. Zu den Besonderheiten der Tierwelt am Toten Meer gehören Leoparden, Steinböckchen, Gänsegeier und Hunderte von Vogelarten, die durch das Jordan-Tal und das Seebecken auf ihrem Flug von den Brutgebieten in ihre Winterquartiere ziehen. Darunter sind Weiß- und Schwarzstörche. Die Seeufer sind auch historisch sehr bedeutsam. Das Tote Meer ist ein Berührungspunkt verschiedener Kulturen und Religionen. Die Paläste von König Herodes und islamische Befestigungen befinden sich an den Ufern. Sowohl Jesus als auch Moses lebten hier.

Dead Sea is a Living Lake

Algae and bacteria aside, the Dead Sea is biologically dead. Still, animals and plants do live in surrounding mountains, in oases, in wadis and wetlands. This is because the Dead Sea as part of the Jordan Rift Valley is a crossing point of biodiversity – Asian, African and European species.

The Dead Sea's salt content is ten times that of the Mediterranean; no other natural lake is saltier. Its "over-salinity" is attributable to the salt-laden in-flow rivers, to the absence of an out-flow river, and to huge amounts of water evaporating under a fiery sun. In other words: This lake, 417 metres below sea level, a record, is a collecting "pan" for minerals. Moreover, water from the rivers dries up.

Of interest is the fauna: leopard, steenbok, griffon vulture (Gyps fulvus). Hundreds of bird species overfly the Jordan Valley and the Dead Sea, to or from their winter quarters. White (Ciconia ciconia) and black stork (Ciconia nigra) accompany them.

The sea shores are also alive with history. The Dead Sea area is a crossroad of different cultures and religions. The palaces of King Herod and Islamic fortresses are found along its shores. Both Jesus and Moses lived in this region.

El Mar Muerto - un lago vivo

Aparte de un par de algas y bacterias, el Mar Muerto carece de vida, pero a su alrededor viven plantas y animales en las montañas, en los oasis, en los arroyos temporalmente provistos de agua y en los pantanos formados entre las altas montañas y el Mar Muerto.

Totes Meer
Partner

Entstehung
Alter
Größe
Länge, Breite

Wassermenge
Größte Tiefe
Meereshöhe

Einzugsgebiet
Zahl der Zuflüsse
Größter Zufluss
Abfluss
Salzgehalt
Niederschläge pro Jahr
Zugefroren
Staaten
Vegetation Einzugsgebiet
Pflanzen und Tiere im Wasser
Pflanzen Ostufer
        Westufer
Endemische Tierarten am See
        Fische
        Amphibien
        Säuger
Durchziehende Vögel
Einwohner am See
Größtes Problem

Größter Erfolg

Das Satellitenbild zeigt, dass der südliche Teil des Toten Meeres heute trocken gefallen ist.

Satellite picture shows the drained southern part of the Dead Sea.

La imagen del satélite demuestra que la parte sur del Mar Muerto está totalmente seca.

Friends of the Earth Middle East (Israel, Jordanien, Palästina)
Tektonik
12.000 Jahre
1.050 km²
55 km lang (bis 1970 75 km lang), 16 km breit
128 km³ (–409 m)
316 m
414 m unter NN bis 1970
389-392 unter NN
42.000 km²
29
Jordan
keiner
340 g/l
25 – 50 mm
niemals
Israel, Jordanien, Palästina
Wüste, Äcker
Bakterien an Flussmündungen
400 Arten und Unterarten
450 Arten

6 Arten
25 Arten
24 Arten
90 Arten
30.000
Entnahme von Wasser aus den Zuflüssen
Internationale Zusammenarbeit der privaten Umweltorganisationen

Rechts oben: Quelle des Jordan in Israel.

Upper right: The source of the Jordan River in Israel.

Derecha arriba: Fuente del río Jordán en Israel.

Rechts: Der Fluss Mujib hat am Ostufer des Toten Meeres eine tiefe Schlucht in Jordanien eingegraben.

Right: The Mujib river creating a deep gorge on the eastern side of the Dead Sea in Jordan.

Derecha: El río Mujib se escavó un desfiladero profundo en la orilla este del Mar Muerto en Jordania.

La causa por la cual en el Mar Muerto apenas pueden vivir unos pocos microorganismos en las desembocaduras de los ríos es evidente: sus aguas son demasiado saladas, diez veces más que las del Mediterráneo y mucho más que las de cualquier formación natural del mundo. Las razones principales se encuentran en los afluentes, que transportan pequeñas cantidades de sal en su agua dulce; en la carencia de desagüe y en las inmensas cantidades de agua que se evaporan bajo el ardiente sol del Cercano Oriente. Con sus 417 metros bajo el nivel del mar, el Mar Muerto es el área terrestre natural más profunda del mundo y constituye por tanto una barrera para los minerales, mientras que la mayor parte del agua se evapora.

Entre las especies autóctonas de la fauna del Mar Muerto se encuentran el leopardo, la cabra montés, el buitre común y cientos de especies de aves que atraviesan el valle del Jordán y la cuenca del lago en su vuelo desde los territorios de cría hasta sus territorios de invernada. Entre éstos se cuentan la cigüeña común y la cigüeña negra.

171

Extremer Wassermangel

Das regionale Klima ist heiß und trocken. Direkt am See wird dies gemildert durch etwas höhere Luftfeuchtigkeit und kühlenden Wind. Winde vom Mittelmeer werden von Mittag an über der Wüste und als Fallwinde an den westlichen Bergen aufgeheizt. Bevor sie auf das östliche Ufer treffen, nehmen sie über dem See Feuchtigkeit auf. Gerade mal 25 bis 50 Millimeter Regen fallen am Toten Meer.

An den Hängen des Ostufers und im Norden des Westufers befinden sich viele Quellen. Mit dem zunehmenden Wasserverbrauch der Bevölkerung auf der Westseite verminderte sich der Zufluss ins Tote Meer von 1,2 Milliarden Kubikmeter im Jahre 1900 über 810 Millionen Kubikmeter 1960 auf 125.000 Kubikmetern 1985.

Doch das größte Problem für das Tote Meer ist die Entnahme von Wasser aus seinem größten Zufluss, dem Jordan. Es wird in Kanälen und Rohrleitungen in Stauseen oder direkt zu den Verbrauchern geleitet. Landwirte bewässern damit Felder, Grasland und Obstplantagen. Es wird vor allem in den Städten, in Hotels und Fabriken, als Trink- und Brauchwasser genutzt. Ganze zehn Prozent des Jordan-Wassers fließen heute noch in das Tote Meer.

Doch das ist nicht alles Berichtenswerte über den Umgang des kostbarsten Gutes in dieser Region. Denn zwei große Fabriken am Südende des Sees produzieren 1,8 Millionen Tonnen Pottasche pro Jahr und gewinnen 50.000 Tonnen Salz, 25.000 Tonnen Magnesium und 180.000 Tonnen Brom, das als Antiklopfmittel und in Form von Silberbromid zur Herstellung photographischer Schichten verwendet wird. In Zusammenhang mit der Gewinnung oder Produktion dieser Stoffe wird sehr viel Energie, Süßwasser und Seewasser verbraucht und zerstörerisch in die Landschaft eingegriffen. Es wird geschätzt, dass 25 bis 30 Prozent der gesamten Verdunstung des Seewassers auf industrielle Anlagen wie Salinen und Teiche zur Gewinnung von Magnesium zurückzuführen sind.

Extreme water shortage

The climate in the region is hot and dry. Near the Dead Sea the temperature is somewhat more endurable, owing to a higher degree of humidity. A cool wind blows around the shore. Otherwise, easterly winds from the Mediterranean heat up around midday over the desert and, katabatically, flow down the ridges of the western mountains. Before reaching the lake's eastern shoreline, the winds soak up humidity. Precipitation is not more than 25-50 millimetres.

There are many springs on the sloping east side, and others north of the west

Dead Sea
Living Lakes Partner

Origin
Age
Size
Length/width
 – till 1970
Water volume
Greatest depth
Sea level
 – till 1970
Catchment area
In-flows
Largest in-flow
Out-flow
Salt content
Precipitation
Frozen over
Countries
Surrounding area
Water animals
plants and fish
 – east shore
 – west shore
Endemic creatures
 – fish
 – amphibians
 – mammals
Migratory birds
Inhabitants (around shoreline)
Biggest problem

Greatest success

Der Mujib Fluss ist einer der wenigen Flüsse, die dem Toten Meer das ganze Jahr über Wasser zuführen.

The Mujib river is one of few rivers that carry water to Dead Sea year round.

El río Mujib es uno de los pocos ríos que llevan agua al Mar Muerto durante todo el año.

Rechts oben. Der angestrahlte Palast von König Herodes in Massada.

Right above: The palace of King Herod at Massada.

Derecha arriba: El palacio del Rey Herodes en Massada.

Friends of the Earth Middle East (Israel, Jordan, Palestine)
tectonic
12,000 years
1,050 sq. km
55 km/16 km
75 km long
128 cubic km (–409m)
316 m
minus 417 m
minus 389-392 m
42,000 sq. km
29
Jordan river
none
340 gm/litre
25-50 p.a.
never
Israel, Jordan, Palestine
desert, fields
bacteria, in river estuaries

400 species and sub-species
450 species

6 species
25 species
24 species
90 species
30,000
Water withdrawal from feed rivers
Collaboration with stakeholders of all three countries

Rechts: Das Fashkha-Sumpfgebiet am Norwestufer des Toten Meeres ist ein wichtiger Lebensraum für ziehende und brütende Vogelarten.

Right: Fashkha wetland on the northwestern sea shores is an important resting and breeding place for migratory and resident birds.

Derecha: El humedal de Fashkha en la orilla noroeste del Mar Muerto es un habitat importante para las aves migradoras y residentes.

bank. As soon as consumption rose on the west side, the in-flow water into the Dead Sea decreased from 1.2 billion cubic metres in 1900, through 810 million cubic metres in 1960, to 125,000 cubic metres in 1985.

The true calamity, however, is the withdrawal of drinking water from the Jordan, the Dead Sea's biggest in-flow river. Water that is pumped through channels or pipelines to reservoirs or direct to the customer! Israeli and Jordanian farmers irrigate their crops and fields with Jordan water. Hotels and factories are big users, too.

Nowadays, not more than 10 per cent of the Jordan flows into the Dead Sea. More, however, can be said about the handling of this region's most valuable commodity. At the south tip of the Dead Sea, two big factories produce 1.8 million tonnes of potash each year. They also extract 50,000 tonnes of salt, 25,000 tonnes of magnesium, as well as 180,000 tonnes of bromine, an antiknock agent, which, in the form of silver bromide, serves as an emulsion for photographic film. Large amounts of energy, fresh and salt water are needed to win or produce such materials. The whole area suffers. According to estimations, the cause of evaporating water, at least 25-30 per cent, may be traced back to industrial plants.

Carencia extrema de agua

El clima de la región es caluroso y seco. En la zona contígua al lago este clima es suavizado por la mayor humedad atmosférica y las frescas brisas de aire. Los vientos procedentes del Mediterráneo se calientan desde el mediodía sobre el desierto y descienden por las montañas occidentales.

Antes de llegar a la orilla oriental absorben humedad sobre el lago. En el Mar Muerto apenas caen entre 25 y 30 milímetros de lluvia.

Las laderas de la orilla oriental y la zona norte de la orilla occidental se encuentran repletas de manantiales. Con el creciente consumo de agua del lago occidental por parte de la población se redujo la alimentación de agua hacia el Mar Muerto, pasando de los 1,2 miles de millones de metros cúbicos del año 1900 a los 125.000 metros cúbicos de 1985, llegando a los 810 millones de metros cúbicos registrados en 1960.

Pero el mayor problema para el Mar Muerto es la extracción de agua de su mayor afluente, el Jordán. A través de canalizaciones y tuberías, este agua es conducida hacia embalses o directamente a los consumidores. Los agricultores la destinan al regadío de los campos, a los pastos y a las plantaciones de árboles frutales. Se consume sobre todo en las ciudades, en hoteles y fábricas en forma de agua potable de uso general. Únicamente un 10% de las aguas del Jordán fluye actualmente hacia el Mar Muerto. La mayor parte, un 70%, es utilizada por Israel. Además, también intervienen Siria, Jordania y Palestina.

Pero con esto no se acaba todo lo mencionable en relación a la utilización del preciado líquido en esta región.

Dos grandes fábricas en el extremo meridional del lago producen 1,8 millones de toneladas anuales de potasa y extraen 50.000 toneladas de sal, 25.000 toneladas de magnesio y 180.000 toneladas de bromo, que se usa como antidetonante en forma de bromuro de plata para la fabricación de emulsiones fotográficas. En relación con la extracción o producción de estas sustancias se derrocha mucha energía y enormes cantidades de agua, tanto dulce como salada, y se interviene de manera destructiva sobre el medio ambiente. Se calcula que un 25-30% de la evaporación total del agua del lago es debida a la presencia de instalaciones industriales como las salinas y los estanques para la obtención de magnesio.

Auswirkungen menschlicher Aktivitäten

Der Umgang mit den geringen Vorräten an Wasser hat zu dramatischen Auswirkungen geführt. In den letzten 30 Jahren sank der Seespiegel um 25 Meter und die Länge des Sees verkürzte sich um 20 Kilometer. Der nun freiliegende Seegrund rings um den See enthält viel Salz und Schadstoffe, die aufgrund vielfältiger menschlicher Aktivitäten in den See gelangt sind. Wie an anderen trockenfallenden Seen wie dem

Mar Muerto
Asociado

Origen
Antigüedad
Extensión
Longitud, anchura
     hasta 1970
Volumen de agua
Profundidad máxima
Altitud
     Hasta 1970

Cuenca
Número de afluentes
Afluente mayor
Desagüe o drenaje
Concentración salina
Precipitaciones anuales
Congelado
Estados
Vegetación de la cuenca
Plantas y animales en el agua

Plantas en la orilla oriental
     orilla occidental
Especies animales endémicas
     Peces
     Anfibios
     Mamíferos
Aves migratorias
Habitantes en el lago
Mayor problema

Mayor éxito

Links: Dorkasgazellen leben in den an das Tote Meer angrenzenden Bergen.

Dorcas gazelles live in the mountains surrounding the Dead Sea.

Los gazellas dorca viven en el montañas colindante con el Mar Muerto.

Partner Lebendige Seen:

Living Lakes partner:

Asociado de Lagos Vivos:

Amigos de la Tierra Medio Oriente (Israel, Jordania, Palestina)
Tectónico
12.000 años
1.050 km²
55 km, 16 km
75 km de largo
128 km³ (con −409 m)
316 m
417 m bajo el nivel del mar
389-392 m bajo el nivel del mar
42.000 km²
29
Jordán
Ninguno
340 gr./l
25 – 50 mm
Nunca
Israel, Jordania y Palestina
Desierto, campos de cultivo
Sólo bacterias en las desembocaduras de los ríos
400 especies y subespecies
450 especies

6 especies
25 especies
24 especies
90 especies
30.000
Extracción de agua de los afluentes
Cooperación internacional de las organizaciones medio-ambientales privadas

Mit dicken Salzkrusten bedeckter Strand am Toten Meer.

Salt covered beach at the Dead Sea.

La playa del Mar Muerto está encostrada con sal.

FoEME
Friends of the Earth
Middle East

Aralsee und dem Mono-See entstehen am Toten Meer immer häufiger Staubstürme mit einem hohen Anteil von Salz, die die Landwirtschaft bedrohen.

Das Tote Meer gilt immer noch als Geheimtipp für Menschen mit Hautkrankheiten, die in dem extrem salzhaltigen Wasser Heilung suchen. Ihr Geld bringt und brachte in die arme Region einen bescheidenen Wohlstand. Ob diese Menschen weiterhin kommen werden, ist angesichts der immer häufiger auftretenden Staubstürme fraglich.

Es gibt weitreichende Pläne, am Toten Meer noch mehr Mineralien zu gewinnen, eine Autobahn von Damaskus nach Beirut zu bauen und die Zahl der Hotelbetten von 4.000 auf 55.000 zu vermehren, womit der Bau von neuen Bade- und Erholungsplätzen verbunden wäre, von Einkaufszentren, Restaurants, Cafés und Diskos und damit noch mehr Verbrauch von Wasser.

Consequences of human activities

A shortage of fresh water has dramatic effects. Over the past 30 years, the Dead Sea's waters dropped by 25 metres. The length of the shoreline shortened by 20 kilometres. The naked strips that now encircle the Dead Sea are replete with salt crusts and ugly mudflats. Similar to other dry-out scenes, e.g. the Aral Sea and Mono Lake, salt-laden dust storms are starting to threaten agricultural production.

The Dead Sea's minerals remain an insider tip for skin-disease and other health problems. Salt-water tourists have long been a modest source of income for this impecunious region. Dust storms occur so frequently, though, that hoteliers fear health-seekers will refrain from coming.

Plans are in the drawer to extract even more minerals, to build a motorway from Damascus to Beirut, and to increase the number of hotel beds from 4,000 to 55,000. If all this is realised, bathing and recreational sites, supermarkets, restaurants, cafés, and discos will shoot up like mushrooms. The big question remains: Where would extra water come from?

Consecuencias de las actividades humanas

El excesivo consumo de los escasos recursos de agua ha provocado efectos dramáticos. En los últimos 30 años el nivel del lago ha descendido 25 metros y su longitud en 20 kilómetros. El fondo del lago, ahora al descubierto, contiene muchas sales y sustancias contaminantes que se han depositado en el lago a causa de múltiples actividades humanas. Como ocurre en otros lagos en proceso de desecación, como el lago Aral o el lago Mono, en el Mar Muerto se producen cada vez con mayor frecuencia tormentas de polvo con un elevado contenido salino, que ahuyentan a los turistas, vuelven los campos incultivables y convierten los pantanos de agua dulce en lugares inhabitables para cada vez más especies. La mayoría de estas circunstancias repercute inmediatamente de forma negativa sobre los habitantes de la región, quienes ya tienen bastantes problemas sólo con el clima.

Hasta ahora, el Mar Muerto era considerado como una receta secreta para las personas que padecían enfermedades de la piel, que acudían buscando curación en sus aguas extremadamente saladas. Estos ingresos proporcionaron un modesto bienestar a la deprimida región. A la vista de las tormentas de polvo, cada vez más frecuentes, resulta cuando menos dudoso que estas personas vayan a seguir emprendiendo el viaje.

Existen planes a largo plazo para extraer aún más minerales del Mar Muerto, así como para construir una autopista desde Damasco a Beirut y aumentar la cifra de plazas hoteleras de 4.000 a 55.000, lo que implicaría la construcción de nuevos centros de vacaciones y de descanso, centros comerciales, restaurantes, cafeterías y discotecas y, por tanto, un consumo todavía mayor de agua.

Grenzen des Wachstums

Am Toten Meer sind die Grenzen des Wachstums bereits am Horitont sichtbar. Unsere Partnerorganisation Friends of the Earth bemüht sich zusammen mit Behörden, Politikern und den Einwohnern, Lösungen für die komplizierten Probleme zu finden. Als private Organisation arbeitet sie mit den drei ans Tote Meer angrenzenden Ländern Israel, Jordanien und Palästina zusammen. Allen ist dabei klar: Frieden wird es im Nahen Osten nur geben, wenn die Wasserprobleme einvernehmlich gelöst werden. Die Friends of the Earth plä-

Dreisprachiger Wegweiser – Symbol der Verständigung?

A trilingual sign-post – a symbol of understanding?

Señales en tres idiomas - símbolo de entendimiento?

Unten: Industrielle Verschmutzung im Süden des Toten Meeres.

Below: Problems of industrial pollution at the southern basin of the Dead Sea.

Abajo: Contaminación industrial en la parte sur del Mar Muerto.

Erholung im Toten Meer.
People relaxing in the Dead Sea.
Descanso en el Mar Muerto.

dieren für einen sanften Tourismus, der nur mit Sparen von Wasser und Energie zu verwirklichen ist, und für die Korrektur überzogener Wirtschaftspläne.

A limit to growth

Regarding the Dead Sea, the limits to growth are on the horizon. Our partners, "Friends of the Earth," have approached the authorities, politicians and Middle East inhabitants to find a solution to these knotty problems. Though private, our associates developed a cross-border biosphere concept for the Dead Sea. The plan seeks to concentrate appropriate development in a few areas leaving the vast beauty of these dark mineral blue waters in the desert as natural as possible. It is generally agreed that peace could come to the Middle East if the countries involved found an answer to their fresh-water problems. The "Friends of the Earth" favour "gentle" tourism, but such a scheme would only work provided the water and energy issue were intelligently handled. Likewise, ridiculous projects must be scrapped.

Límites de crecimiento

En el Mar Muerto los límites de crecimiento no sólo son visibles, sino que se sobrepasaron hace mucho tiempo. Nuestra asociada, la organización Amigos de la Tierra, se esfuerza por encontrar soluciones a estos complicados problemas en colaboración con autoridades, políticos y habitantes de la región. Opera como organización privada con los tres países limítrofes del Mar Muerto: Israel, Jordania y Palestina. Todos tienen claro que sólo habrá paz en el Cercano Oriente cuando se resuelvan los problemas de agua por la vía del mutuo acuerdo. Amigos de la Tierra aboga por un turismo moderado, que sólo puede llevarse a cabo mediante el ahorro de agua y energía, y la corrección de planes económicos obsoletos.

Militscher Teiche *Milicz*

Ponds   Estanques de Milicz

Auf den Dämmen der Teiche wurden Eichen gepflanzt.

Oaks planted on the dams of the Milicz Ponds.

Robles plantados encima de los diques de las charcas.

Links: Prachtvolles Schloß am Rande des Teichgebiets, das vom Komponisten Chopin besucht wurde.

Beautiful mansion house in the lakes region. The composer Chopin visited this splendid villa.

Una de las residencias magníficas que visitó el compositor Chopin.

Unten: Die Militscher Teiche machen einen Eindruck als wären sie natürliche Seen.

Below: The natural like landscape of the Milicz Ponds.

Abajo: Los Estanques de Milicz parecen lagos naturales.

Mönche schufen Naturparadies

Schon im 12. Jahrhundert haben Mönche damit begonnen, die Militscher Teiche anzulegen, um darin vor allem Karpfen heranzuziehen. Sie nutzten dazu das Wasser der Baretsch, die eine große Niederung nordwestlich von Breslau/Wroclaw durchströmt und in die Oder mündet. Die Teiche nehmen eine Fläche von 70 Quadratkilometern ein und gehören damit weltweit zu den größten Anlagen dieser Art. Die Baretsch-Niederung ist 5.535 Quadratkilometer groß. Sie ist also zehnmal größer als der Bodensee. Ungefähr 100 Quadratkilometer der Flussauen werden als Wiesen genutzt.

Viele der Militscher Teiche sind heute in ihrem Strukturreichtum von natürlich entstandenen Gewässern nur schwer zu unterscheiden. Das ist unser Eindruck, der aber von Tieren offensichtlich ebenso gesehen wird, denn hier leben genau die Arten, die wir in vergleichbaren natürlichen Seen antreffen, zum Beispiel 13 Amphibienarten, 267 Vogelarten – von denen 170 an den Militscher Teichen brüten – und 44 Säugetierarten; darunter sind Fischotter und Biber.

Monk-created natural paradise

As far back as the 12th century, monks began to excavate carp ponds. Waters were funnelled from the Barycz. A river that flows into the Odor, after passing through a wide plain north-west of Wroclaw. The Milicz represents the world's largest concatenation of ponds, as the area spreads over 70 square kilometres. About 100 square kilometres km of the Barecz river shoreland is used as meadows.

Many of these monk-made ponds can hardly be distinguished from natural ones. A view obviously shared by the animals, as the same species chose both natural and artificial lakes. It is a biotop for 13 amphibian species, 267 bird species (170 breeds in Milicz area) and 44 mammals, including otter and beaver.

Estanques de Milicz

Los monjes comenzaron a construir los estanques de Milicz ya en el siglo XII, con el fin de criar carpas en ellos. Usaban el agua del río Barycz , que atraviesa una gran llanura al noroeste de Wroclaw y desemboca

en el río Oder. Los estanques ocupan una extensión de 70 kilómetros cuadrados y son, por tanto, una de las mayores instalaciones de este tipo. La llanura del río Baretsch tiene una extensión de 5.535 kilómetros cuadrados. Por tanto es 10 veces mayor que el lago Constanza. Aproximadamente 100 kilómetros cuadrados de las riberas se usan como pastizales.

Debido a la riqueza de su ecosistema, muchos de los estanques de Milicz son difíciles de distinguir hoy en día de las lagunas naturales. Esta es nuestra impresión, pero parece ser también la de muchos animales, ya que aquí viven precisamente las mismas especies que encontramos en lagos semejantes de origen natural, como por ejemplo 13 especies de anfibios, 267 especies de aves -170 de las cuales anidan ahí – y 44 especies de mamíferos, entre los que se encuentran nutrias y castores.

Ideale Bedingungen für den Moorochs

Der kilometerweit schallende Gesang der Rohrdommel erinnert an das Gebrüll der Rinder. Deshalb heißt sie bei den Spaniern wie bei den Deutschen Moorochs. Jugendliche in beiden Ländern haben heute nur noch selten Gelegenheit, diese eindrucksvollen Stimmen zu hören, denn die Rohrdommel ist aus vielen Gebieten Mitteleuropas verschwunden. Ihr Bestand wird in Deutschland auf 600 Paare geschätzt. Im Vergleich dazu sind die 80 rufenden Männchen in den Schilfwäldern der Militscher Teiche ein erfreulich großer Bestand. Sie finden hier genau das Angebot von Strukturen, das sie brauchen. Dies sind ausgedehnte Röhrichtbestände, aber auch niedrige Vegetation mit offenem Wasser dazwischen.

Wasserralle (Seite 182), Graugans (Seite 183) und Lachmöwen (Seite 184) brüten in und an den Militscher Teichen.

Water rail (p. 182), grey-lag goose (p. 183) and black-headed gull (p. 184) nest in and around the Milicz Ponds.

Rascón (página 182), ansar común (página 183) y gaviota reidora (página 184) crían alrededor de los Estanques de Milicz.

Militscher Teiche
Partner

Entstehung
Alter
Anzahl der Teiche
Größe
Größte Tiefe
Meereshöhe
Größe der Flussniederung
Zahl der Zuflüsse
Abfluss
Salzgehalt
Niederschläge pro Jahr
Zugefroren
Staat
Vegetation Einzugsgebiet
Amphibien
Reptilien
Vögel
  davon brütend
Einwohner in der Baretsch-Niederung
Größtes Problem

Größter Erfolg

Polnische Gesellschaft der
Naturfreunde "pro Natura"
Von Menschen geschaffen
12. bis 13. Jahrhundert
>100
70 km^2
2,5 m
95 bis 120 m über NN
5.535 km^2
1 (Baretsch)
1 (Baretsch)
Süßwasser
570 mm
5 mal im 10 Jahre
Schlesien/Slask in Polen
Wiesen, Äcker, Moore, Wald
13 Arten
5 Arten
267 Arten
170 Arten

260.000
Intensivierung der
Landwirtschaft
Einrichtung von
Schutzgebieten

Die Umweltkommission der Europäischen Gemeinschaft will dieser Vogelart helfen, weil sie in der ganzen Union im Bestand bedroht ist, wobei vor allem Deutschland und Frankreich mehr für diesen Vogel tun müssen als bisher. Ein Besuch an den Militscher Teichen könnte helfen herauszubekommen, was Rohrdommeln für ihren Fortbestand brauchen.

Ideal living conditions for the bittern

Hollow pumping, heard over many kilometres, might remind a passer-by of bellowing cows. Wrong! That is the bittern calling. The reason why the Germans and Spanish speak of the "moor ox." Alas, today, neither in Germany nor in Spain is this bird frequently heard. At most, there can be only 600 pairs in Germany. So the chorus of 80 males honking and mooing in the reedbeds of Milicz Ponds is most encouraging. Marshes, reeds, low vegetation, and stretches of open water – that is the home of the bittern.

Elsewhere, this bird has become rare. The EU Commission for Environment therefore furthers the protection of this threatened species of bird. Especially in Germany and France, more could be done, though. A visit to Poland would surely provide the answer to this bird's ideal habitat and breeding conditions.

Condiciones ideales para el avetoro común

El canto del avetoro, que puede escucharse a kilómetros de distancia, recuerda al mugido de los toros. Por eso, tanto en España como en Alemania su nombre tiene relación con éstas. Los jóvenes de ambos países apenas tienen oportunidad hoy en día de escuchar estos impresionantes reclamos, ya que el avetoro ha desaparecido de muchas regiones de centroeuropa. En Alemania, su población se cifra apenas en unas 600 parejas. En comparación, los 80 machos cantores que viven entre los cañaverales de los estanques Milicz constituyen una cifra satisfactoriamente elevada. Parece ser que aquí encuentran exactamente la oferta ambiental que necesitan. En este hábitat el avetoro puede verse entre extensos cañaverales, y también en la vegetación baja entre lechos de agua.

La Comisión de Medio Ambiente de la Unión Europea quiere proteger esta especie, ya que se encuentra amenazada en todo el territorio europeo. Sobre todo Alemania y Francia deben hacer algo más por estas aves de lo que han hecho hasta ahora. Una visita a los estanques de Milicz podría ayudar a establecer las necesidades de los avetoros para su supervivencia.

Pendler zwischen Wiesen und Teichen

Im Herbst wird die Baretsch-Niederung von bis zu 16.000 Saatgänsen als Rastplatz genutzt, da sie zwischen ihrer Brutregion im Norden Russlands und ihren Überwinterungsgebieten in Südeuropa liegt. Tagsüber verzehren die Saatgänse auf Wiesen Gras und Kräuter und auf Äckern Getreide, Kartoffeln und Reste von Rüben. Nachts schlafen sie auf großen Teichen, wo sie vor menschlichen Störungen und Füchsen sicher sind. Sie brauchen also dreierlei: Wiesen, Äcker und größere Wasserflächen. Genau diese Vielfalt von Landschaft finden sie in der Baretsch-Niederung. Es gehört zu den eindrucksvollsten Erlebnissen, wenn die Saatgänse an Abenden im Herbst in riesigen Keilen laut rufend zu ihren Schlafplätzen fliegen.

Neben ihrer Bedeutung für Gänse gehören die 7.000 Hektar Wiesen der Baretsch-Niederung zu den wichtigsten Brutplätzen der Wiesenvögel in Europa, also der Uferschnepfen, Bekassinen und Wachteln. Für Weißstörche ist das Mosaik von Wiesen, Viehweiden und Äckern unverzichtbarer Nahrungsraum. Früher gab es in Europa viele solcher Gebiete. Heute sind davon nur noch kleine Reste vorhanden.

Commuters between meadows and ponds

Every autumn up to 16,000 bean geese (Anser fabalis) rest in the Barycz plains, an area that lies between their breeding grounds in Russia and their wintering ground in southern Europe. They pluck grass and weeds from the meadows, and gobble up what is left of cereals, potatoes, rape, and turnips in the fields. During the night, they retire to large ponds to outwit the fox, and to be free from human interference. Wild geese cannot do without meadows, fields, large ponds or lakes. Conditions that are not found everywhere. It is a

Milicz Ponds
Living Lakes partner

Origin
Age
Number of ponds
Size
Greatest depth
Sea level
Catchment area
In-flow
Out-flow
Salt content
Precipitation
Frozen over
Country
Vegetation

Amphibians
Reptiles
Birds
 – Nesters
Inhabitants
Biggest problem
Greatest success

Polish Society of Wildlife
Friends "pro Natura"
Man-made
12th/13th century
>100
70 sq. km
2.5 m
95 – 120 m
5,535 sq. km
Barycz river
Barycz river
none
770 mm p.a.
5 times in 10 years
Poland (Slask)
meadows, fields, moors, woodlands
13 species
5 species
267 species
170 species
260,000 (Barycz lowlands)
intensification of agriculture
introduction of protected zones

Links: Lachmöwenkolonie.

Left: Colonie of black-headed gulls.

Izquierda: Gaviota reidora.

Rechts: Vierflecklibelle.

Right: Four-spotted Libellula.

Derecha: Libellula de quatro manchas.

Partner Lebendige Seen:

Living Lakes partner:

Asociado de Lagos Vivos:

memorable experience when, cackling loudly, geese fly in large V-formations to their sleeping quarters.

Apart from geese, the Barycz plains are important for meadow nesters like black-tailed godwit (Limosa limosa), snipe (Gallinago gallinago), and quail Coturnix coturnix). For the white stork (Ciconia ciconia) this patchwork of meadows, fields and lakes is just perfect for tasty meals – and for raising a family. A more varied landscape hardly exists in western Europe anymore.

Nómada entre praderas y estanques

La llanura del Barycz es visitada en otoño por casi 16.000 ánsares campestres, que la usan como lugar de descanso, ya que está situada entre su territorio de cría en el norte de Rusia y los territorios de invernada en el sur de Europa. Durante el día se alimentan de hierbas en los pastizales y de trigo, patatas y restos de zanahorias en los campos de cultivo. Por la noche duermen en grandes lagunas, donde están a salvo de los zorros y de intromisiones de los seres humanos. Por tanto, necesitan tres tipos de hábitats: praderas, campos de cultivo y extensiones de agua. Y precisamente esta diversidad la encuentran en la llanura del Barycz. Una de las experiencias más impresionantes es observar en el otoño a un grupo de ánsares campestres regresando al anochecer en enormes formaciones en cuña hacia sus refugios nocturnos, emitiendo su sonoro reclamo.

Junto a su importancia para los ánsares, las 7.000 hectáreas de praderas de la llanura del Barycz constituyen uno de los territorios de cría más importantes para las aves de pradera en Europa, esto es, para las agujas colinegras, las agachadizas comunes y las codornices. Igualmente, las cigüeñas blancas encuentran en el mosaico de praderas, pastizales y campos de cultivo un territorio imprescindible para su alimentación. Antiguamente había muchos territorios de este tipo en Europa. Hoy en día apenas quedan pequeños restos.

Land der Störche

Polen ist das Land der Weißstörche, denn nirgends gibt es so viele Brutpaare dieser Vögel wie hier. Bei der letzten Zählung in den Jahren 1994/95 wurden in Polen 41.000 Brutpaare ermittelt. Das sind ein Viertel des insgesamt erfassten Bestandes in Europa, Nordafrika und in der Türkei. Da die meisten Weißstörche in unmittelbarer Nähe des Menschen brüten, liegt es nahe, Kinder und Jugendliche über den Weißstorch Natur erleben und begreifen zu lassen. Unsere Partnerorganisation Pro Natura ist mit dieser Aufgabe in ganz Polen aktiv. Ein Schwerpunkt dieser Jugendarbeit ist die Baretsch/Barycz-Niederung mit ihren 340 Brutpaaren des Weißstorchs. Pro Natura wird dabei auch von der Stiftung Ciconia aus der Schweiz unterstützt.

Storks galore

In the truest sense of the word, Poland is "home" to the white stork. No other country boasts so many breeding pairs. In 1994/95 some 41,000 pairs were counted, a quarter of the European, Turkish and North African stocks. Most storks build their nest in towns and villages, and are thus an ideal "prop" for teaching kids to appreciate nature. Pro Natura is particularly active in the Barycz plain, the breeding ground for 340 White storks. Pro Natura is supported also by the Swiss "Ciconia Foundation".

El país de las cigüeñas

Polonia es el país de las cigüeñas, ya que en ninguna parte anidan tantas parejas como aquí. Durante el último censo que se realizó en los años 1994/95 se contaron en Polonia 41.000 parejas en período de cría. Esto supone una cuarta parte de la población total de cigüeñas de Europa, el Norte de Africa y Turquía. Dado que la mayoría de las cigüeñas acostumbra a anidar cerca de los seres humanos, es sencillo hacer que niños y jóvenes conozcan y comprendan a estas aves. Nuestra asociada, la organización Pro Natura, mantiene una intensa actividad al respecto en toda Polonia, y especialmente en la llanura del Barycz con sus 340 parejas de cigüeña blanca. Pro Natura recibe el apoyo de la "Fundación Ciconia" de Suiza para las actividades de educación ambiental.

Estanques de Milicz

Asociado

Origen
Antigüedad
Número
Extensión
Profundidad máxima
Altitud

Extensión de la llanura fluvial
Número de afluentes
Río de desagüe
Concentración salina
Precipitaciones anuales
Congelados
Estado
Vegetación de la cuenca

Anfibios
Reptiles
Aves
   de ellas, anidando
Habitantes en la llanura del
   Barycz
Mayor problema
Mayor logro

Sociedad Polaca de Amigos de la Naturaleza "pro Natura"
Creados por el ser humano
Datan de los siglos XII y XIII
> 100
70 km^2
2,5 m
De 95 a 120 m sobre el nivel del mar
5.535 km^2
1 (Barycz)
1 (Barycz)
Agua dulce
570 mm
5 veces en 10 años
Slask en Polonia
Praderas, campos de cultivo, pantanos, bosques
13 especies
5 especies
267 especies
170 especies

260.000
Intensificación de la agricultura
Creación de zonas protegidas

Uferschnepfe (links) und Weiß-storch mit Maulwurf (rechts) brauchen überschwemmte Wiesen.

Black-tailed godwit (left), white stork (right, with mole) need flooded meadows.

La aguja colinegra (izquierda) y la cigüeña blanca (con un topo en el pico) necesitan pastos inundados.

Strategien zur Erhaltung von Seen *Strategies for lake*

Intensive Landwirtschaft gefährdet Naturreichtum

Mit Geld der Europäischen Gemeinschaft wurde in vielen Ländern großflächig in die Natur eingegriffen, mit verheerenden Folgen für die Bestände von Pflanzen und Tieren. Da Polen bald Mitglied der Europäischen Gemeinschaft sein wird, muss auch dort mit einer ähnlichen Entwicklung gerechnet werden. Unsere Partnerorganisation Pro Natura versucht, wenigstens einen Teil der Wiesen in der Baretsch-Niederung vor dieser Entwicklung zu bewahren. Deshalb kauft sie an vielen verschiedenen Stellen Land.

Damit verhindert sie nicht nur die Entwässerung dieser Parzellen, sondern auch aller drum herum liegenden, denn dafür wäre die Zustimmung von Pro Natura notwendig. Parallel dazu hat sie das Ziel, die kanalisierte Baretsch zu renaturieren und eine Intensivierung der Fischhaltung in den Teichen zu verhindern.

Auch der Baikalsee und seine Tiere sind durch Pestizide aus der Landwirtschaft bedroht.

Pesticides from agriculture threaten Lake Baikal and its animal life as well.

Los pesticidas de la agricultura ponen en peligro al Lago Baikal y a sus plantas y animales.

Conservation   Estrategias para la conservación de los lagos

Intensive farming threatens the rich biodiversity

Regrettably, monies received from the European Union were often ploughed into changing the rural landscape. The results are disastrous. Since Poland will soon become a member of the European Union, it is feared that similar "investments" might be copied. Pro Natura, thinking ahead, is trying to save the Barycz plains, at least in part. Wherever possible, land is bought.

As a result, Pro Natura land cannot be drained, and the owners of neighbouring plots would need Pro Natura's approval to drain theirs. What is more, Pro Natura plans to restore the canalized Barycz, and to prevent intensive fish-farming in the ponds.

La agricultura intensiva pone en peligro la riqueza biológica

Con fondos de la Unión Europea se ha intervenido sobre la naturaleza en muchos países, con consecuencias desastrosas para los ecosistemas. Dado que Polonia va a pasar pronto a formar parte de la Unión Europea, deberá contarse también ahí con un desarrollo semejante. La organización Pro Natura intenta preservar al menos una parte de los prados de la llanura del Barycz ante este desarrollo. Por eso está comprando terrenos en diferentes lugares.

De esta manera no sólo evita la desecación de estas parcelas, sino también de todas las circundantes, ya que para desecar se hará necesaria una autorización de Pro Natura. Paralelamente, esta medida tiene como objetivo renaturalizar el río Barycz, ahora canalizado, y evitar una intensificación de la piscicultura en los estanques.

Strategien zur Erhaltung von Seen

- Seen brauchen den Zufluss von Wasser. Bei allen Aktivitäten, auch bei der Nutzung als Trinkwasser, darf dem See und seinen Zuflüssen nicht mehr Wasser entnommen werden als zufließt. Anderenfalls ist sein Ende abzusehen. Diese Binsenweisheit gilt auch für Grundwasser.

- Seen sind als Vorfluter für ungeklärte Abwässer von Gemeinden ganz und gar ungeeignet. Darüber hinaus ist der Eintrag jeglicher Dünge- und Schadstoffe aus der Landwirtschaft und von Gewerbe und Industrie zu verhindern.

- Seen sollten weder künstlich aufgestaut noch eingedämmt werden. Viele Lebewesen sind an das dynamische Auf und Ab des Seespiegels bei Hoch- und Niedrigwasser angepasst. Das sollte, wo immer möglich, erhalten bleiben.

- Menschen brauchen Seen als Erholungsgebiete. Es müssen aber auch ganze Seen und geeignete Teile von Seen als Ruhezonen für unsere Mitlebewesen eingerichtet werden, als internationales Netz von Schutzgebieten.

- Wo immer möglich sollten beseitigte Seen wieder geschaffen und beeinträchtigte saniert werden. Neue Seen sollten in großem Umfang unter Naturschutz gestellt werden mit internationaler Absicherung.

- Die Nutzung von Fischen darf nur nachhaltig vorgenommen werden. Unter keinen Umständen dürfen gebietsfremde Pflanzen oder Tiere in Seen und Flüsse eingesetzt werden.

- Die Ziele internationaler Konventionen und Richtlinien müssen an Seen umgesetzt werden: in Europa insbesondere die Etablierung des Netzes von Natura 2000-Gebieten, global die Konventionen von Ramsar, Bonn, Rio und über das Welterbe der UNESCO.

Strategies for lake conservation

- *Lakes need in-flowing rivers. Irrespective of the purpose, even when used as drinking water, not more water than that amount which enters the lake should be withdrawn. Where this rule is discounted, the lake's water supply is at stake. It is as simple as that. The same applies to rivers and wells.*

- *Flushing sewage with lake water is like putting a cart before the horse, or worse. Scourges such as chemical fertilisers, pesticides, and industrial toxic materials must be banned.*

- *Lake-life suffers when tampered with or when dams are built. During their evolution, animals and plants adapted to, and still need, changing water levels, for example.*

- *Hiking, swimming, and boating are enjoyed by millions of people. Yet, as everyone realises, intact nature is no longer for free. Parts of the countryside and entire lakes, or specific niches of large lakes, ought to be reserved for the animal as well as the plant kingdom. And to be precise, internationally.*

- *Filled-in ponds and lakes must be restored, damaged ones revived. New lakes should be controlled by an environmental inspectorate. On no account may plants and fish be introduced to alien habitats.*

* *Regarding lakes, strict implementation of guidelines and of the objectives of conventions is a MUST. The Natura 2000 network is particularly important for Europe. Internationally, the Ramsar, Bonn, and Rio conventions should carry more weight, as well as UNESCO's World Heritage Sites".*

Estrategias para la conservación de los lagos

* Los lagos necesitan la afluencia de agua. En ninguna actividad, incluyendo su aprovechamiento como agua potable, debe extraerse más agua del lago de la que llega. De otra manera su desaparición resulta predecible. Esta verdad tan trivial es válida también para las aguas subterráneas.
* Los lagos son totalmente inadecuados como receptores de aguas residuales sin depurar procedentes de las comunidades. Aparte de esto, debe evitarse la entrada de cualquier tipo de sustancias fertilizantes o contaminantes procedentes de la agricultura, el comercio o la industria.
* Los lagos no deben ser embalsados artificialmente ni represados. Muchos seres vivos se han adaptado al ascenso y descenso dinámico del nivel del agua. Esto debería conservarse siempre que fuera posible.
* Los seres humanos necesitan los lagos como lugares de esparcimiento. Pero también se deben establecer lagos completos y porciones apropiadas de lagos como refugio para el resto de los seres vivos, dentro de una red internacional de territorios protegidos.
* Siempre que sea posible se deberían recuperar lagos que hayan sido desecados, y aquellos que estén amenazados deben ser saneados. Nuevos lagos deben ser colocados bajo protección a gran escala y con seguridad internacional.
* La extracción de peces debe realizarse sólo de forma moderada. Bajo ninguna circunstancia deberán introducirse en ríos ni lagos plantas o animales ajenos al hábitat.
* Los objetivos de las convenciones y directrices internacionales deben hacerse realidad en los lagos. En Europa se debe establecer sobre todo la red de territorios Natura 2000, las convenciones de Ramsar, Bonn, Rio y el legado mundial de la UNESCO.

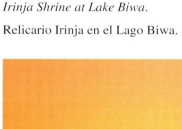

Irinja Schrein im Biwa-See.
Irinja Shrine at Lake Biwa.
Relicario Irinja en el Lago Biwa.

Anhang — *Appendix* — Anexo

Dank – *Acknowledgements* – Agradecimientos

Dank für die Unterstützung von Projekt und Bildband „Living Lakes" gilt neben unseren Geldgebern und den nebenstehenden Fotografen vor allem den zahlreichen ehrenamtlichen Naturschützern in 25 Ländern. Namentlich danken möchten wir stellvertretend für alle: Franz Alt, Stephan Althoff, Karla Bauer, Michael Bauer, Annette Bernauer, Anke Biedenkapp, Bernhard und Christina Bihler, Robert and Prof. Lauren Blair, Prof. Dr. Michael Braungart, Birgit Breuel, Fritz Brickwedde, Michael Brombacher, Erich-Helmut Buxbaum, Lilian Camphausen, Prof. Aitken Clark, Peter Cossé, Eduardo Demiguel, Dr. Herbert Deschler, Dr. Ricardo Diez-Hochleitner, Mona Dirnfellner, Maja und Ulf Doerner, Ute Dolle, Kerstin Dorer, Ralph Driever, Jörg Dürr-Pucher, Irmgard und Prof. Dr. Wolfgang Engelhardt, Sylvia Englert, Humbert Entress, Monika Erne, Dr. Thomas Feske, Ursula Fleischhauer, Dr. Horst Frank, Prof. Dr. Matthias Freude, Barbara Frey, Udo Gattenlöhner, Dr. Maximilian Gege, Matthias Ginsberg, Marianne Ginsburg, Manfred Gotthardt, Burkhard Graßmann, Monika Griefahn, Gabriele Hammerl, Marion Hammerl-Resch, Dr. Hendrik Hoeck, Stefan Hörmann, Dr. Maria Hoffacker, Holger Hollemann, Steffen Holzmann, Ernst Hüdepohl, Helga Inden-Heinrich, Harald Jacoby, Peter Kemnitzer, Monika Kirschner, Axel Kleinschumacher, Friedrich und Joachim Kopf, Dr. Uli Kostenbader, Claudia Kunitzsch, Lutz Laemmerhold, Peter Lenk, Albert Lippert, Dr. Joseph MacInnis, Ernest Mitschke, Dorette und Bernd Moldt-Fischer, Susanne Moll, Dagmar Morcinek, Dr. Helmut Müller, Sascha Müller-Kraenner, Marianne Mürau, Nadja Plonka, Sabine und Klaus Reiser, Ruth Richardson, Dr. Klaus Rick, Stefan Ries, Dr. Martin Roth, Dr. Ute Gräfin Rothkirch, Prof. Dr. Majid Samii, Agnes Sauter, Christina Schaper, Wolfgang Scheunemann, Frieder Schindele, Katja Schleßelmann, Gudrun Schomers, Dr. Sabine Schormann, Prof. Dr. Richard Schröder, Andreas Schweickert, Petra Seiler, Fanyana Shiburi, Lutz Spandau, Erich Spörin, Judith und Michael Stadler, Dr. Herbert Stark, Dr. Peter Steiner, Eckhard Strauß, James M. Strock, Prof. Dr. Michael Succow, Michael Sutor, Dr. Sabine Tandela, Micaela und Christiane Tewes, Dr. Helga Thielcke, Prof. Dr. Klaus Töpfer, Manuela Uhde, Jutta Voigt, Cornelia Volmer, Hartwig von Sass, Sabine und Jürgen Weber, Anne Weir.

Literatur – *Literature* – Literatura

Arendt, E. & Schweiger, H. (1998): Bei den Schakalen in Griechenland. Videofilm. Era-Film- Produktion, Weil am Rhein.

Bednarz, K. (1998): Ballade vom Baikalsee. Europa-Verlag, München, Wien.

Berg, R., Blank, S. & Strubelt, T. (1995): Fische in Baden-Württemberg.

Bernauer, A. & Jacoby, H.(1994): Bodensee Naturreichtum am Alpenrand. Naturerbe Verlag Jürgen Resch, Überlingen.

Blab, J. (1986): Grundlagen des Biotopschutzes für Tiere. Kilda-Verlag, Greven.

Brombacher, M., Sidorova, T. & Schmill, J. (1999): UNESCO-Biosphärenreservat am Tengis.

Dörner, U. (2001): The Greater St. Lucia Wetland Park. Weltnaturerbe in Südafrika. Naturerbe Verlag Jürgen Resch, Überlingen.

Ecotropica (1997): Eight Years Conserving Nature 1989/1997.

Freunde der Erde Mittlerer Osten (1997): Eco Peace. Dead Sea Challenges. Final Report.

Freunde der Erde Mittlerer Osten (2000): Let the Dead Sea Live!

Geller, W. & Güde, H. (1989): Lake Constance – the largest German lake. Limnology in the Federal Republic of Germany. Congress of the International Association of Theoretical and Applied Limnology.

Heine, G., Jacoby, H., Leuzinger, H. & Stark, H.(1999): Die Vögel des Bodenseegebietes. Orn. Jahresh. Bad.- Württ. 14/15: 1-847.

Holenstein, J., Keller, O., Maurer, H., Widmer, R. & Züllig, H. (1994): Umweltwandel am Bodensee. UVK, St. Gallen.

Hoyo, J. del, Elliot, A. & Sargatal, J. (1992- 1999): Handbook of the Birds of the World. Lynx Edicions, Barcelona.

Jerrentrup, H. & Resch, J. (1989): Der Nestos. Naturerbe Verlag Jürgen Resch, Überlingen.

Kapfer, A. & Konold, W. (1963): Seen, Teiche, Tümpel und andere Stillgewässer. Weitbrecht, Stuttgart und Wien.

Mc Quilkin, G. (1999): Ein einzigartiger Chemiecocktail wird gereinigt. Der Mono Lake ist auf dem Weg der Besserung. In: Harrison, H.M. & Harrison, N.: Grüne Landschaften. Campus, Frankfurt/New York.

Meadows, D.L. (1972): Die Grenzen des Wachstums. dva, Stuttgart.

Niekisch, M. (1999): Pantanal. Kosmos Heft 2: 17-29.

Opp, Ch. (1994): Naturphänomene und Probleme des Natur- und Umweltschutzes am Baikalsee. Petermanns Geogr. Mitt. 138: 219-234.

Reati, G.J., Florín, M., Fernández, G.J. & Montes, C. (1997): The Laguna de Mar Chiquita (Córdoba, Argentina): a little known, secularly fluctuating, saline lake. Intern. Journal of Salt Lake Research 5: 187-219.

Reichelt, G. (1974): Der Bodensee. Cornelsen-Velhagen & Klasing, Berlin.

Richter, D. (1986): Allgemeine Geologie. Walter de Gruyter. Berlin, New York.

Russische Akademie der Wissenschaften (1996): The Present and Future State of the Lake Baikal Region. Natural Complex. Novosibirsk „Studio Design Infolio".

Scott, D. A. & Rose, p. M. (1996): Atlas of Anatidae Populations in Africa and Western Eurasia. Wetland International Publications 41. Wageningen, Niederlande.

Tucker, G.M., Evans, M.I. (1997): Habitats for Birds in Europe. Cambridge, BirdLife International, Serie Nummer 6.

Wendler, M. (1990): Pantanal – Amphibisches Wunderland. Schillinger, Freiburg.

Impressum

Stadler Verlagsgesellschaft mbH – 2001
78467 Konstanz, Max-Stromeyer-Str. 172

© Copyright by: Verlag Friedr. Stadler, Konstanz; Inh. Michael Stadler
Herausgeber: Umweltstiftung Global Nature Fund, Radolfzell
Internet-Adresse: www.globalnature.org

Gestaltung und Satz: Jürgen Resch, Überlingen
Litho: Repro Schmidt, Dornbirn
Druck: Wachter GmbH, Bönnigheim
Übersetzungen: englisch: Lionel Seaton-Yates, Radolfzell
spanisch: Isabel Lowy, Madrid

ISBN 3-7977-0460-7

Die Bildautoren – *Photographers* – Fotografos

Aktivreisen Velotours Konstanz 71
Arendt, E./Schweiger, H. 117, 119, 141, 144o
Bahr, C.-M. 183
Baikal Institut for Nature Management 18, 38/39, 41, 104/105, 107, 108o, 108u, 109, 110o, 112, 113
Bonino, E. 162, 163, 164, 167o
Braun, Hans-Martin 47
Broads Authority 22, 23, 36, 37, 124, 125, 126, 127, 128, 129, 130, 131
Bucher, Enrique 160, 160/161, 165, 167u
Catton, Steve/Mono Lake Committee 82
Corbis/PICTURE PRESS Life 170
de Martin, Carlos M. 135, 137, 139
Dieterich, Til 162, 144u, 146, 147
Doerner, Ulf 6/7, 24, 73, 84/85, 87, 94/95, 96, 97, 98, 99, 100, 101o, 101u, 102, 103, 191
Dornier Satellitensysteme 86
EXPO 2000 Hannover GmbH 15
Fischer, B. 79, 186
Fodgen, Michael&Patricia/Corbis/PICTURE PRESS Life 161
FOEME 171, 172, 173o, 173u, 174, 176
Ford, Larry Mono Lake Committee 78
Gattenlöhner, Udo 56, 58, 59, 89, 90o, 90u, 92, 93, 120,
Hahn, Otto 33
Hafen, Andreas Titel, 8/9, 35, 45, 64/65, 66
Harron, Jamie; Papilio/Corbis/PICTURE PRESS Life 42
Hörmann, Stefan 62o, 176/177
Horowitz, Aaron/Corbis/PICTURE PRESS Life 16/17
ILEC 29, 44, 88, 91
Jacoby, Ulrich 53
Jerrentrup, Hans 114, 115, 116, 121
Jubete, Fernando 14, 30, 132/133, 134, 136, 138
Kemnitzer, Peter 57
Kirschner, Monika 72
Klapp, T. 152, 153u
König, Martin 188/189
Kopf AG 54
Lanting, Frans 151u
Lenk, Martin 140, 143, 147
Marr, Warren 4/5, 74/75, 80, 83
Marquart, Dave 77
Martin, Chris/UNILEVER 20, 25, 26/27, 57
Mere, Horsey/Broads Authority: 122/123
Mono Lake Tufa State Reserve 166
Northcott, David A./Corbis/PICTURE PRESS Life 48
Nowitz, Richard T./Corbis/PICTURE PRESS Life 168/169, 171o, 175, 177
Oldemeyer, Bernd/Ecotropica 157o
Resch, Jürgen 34o, 34u, 63, 69, 70
Rügner, M. 187
Schaper, Christina 62u
Schulze, Andreas 182
Siebenrock, Karl-Heinz 181
Sohm, Joseph/Corbis/PICTURE PRESS Life 81
Stelzner, Mirko 145
Sutor, Michael 148/149
Thielcke, Gerhard 28, 32, 118, 180
Walz, Uwe/Lupus Bildagentur 154
Watkins, John/Corbis/PICTURE PRESS Life 106
Wendler, Martin 153o, 155, 156, 157u, 158
White, Ralph/Corbis/PICTURE PRESS Life 110u, 111
Wothe, Konrad/LUPUS Bildagentur 21, 31
Wüstenberg, Klaus 178/179, 184, 185
Ziesler, Ecotropica 2/3, 150, 151, 159
Zurowski, Tim/Corbis/PICTURE PRESS Life 43, 49